酒を主食とする人々

エチオピアの科学的秘境を旅する

高野秀行

本の雑誌社

はじめに

アフリカのエチオピア南部に酒を主食とする民族がいる。朝から晩まで酒を飲み、栄養の大部分をそこから得ている。健康な成人だけでなく、子供や病人、妊婦の人たちも飲んでいる。しかるにこの民族の情報はただ一冊の本に書かれた以外、世界的にも全然知られていない。ネット上にも情報は皆無――。

こんな不思議な民族が実在するのだろうか？　実在するとしたら、一日中、酒を飲み続ける生活とはいったいどんな感じなのだろうか？　日常生活や健康に差し支えないのだろうか？

それを知るには実際に行ってみるしかない。そう思い、ＴＢＳ「クレイジージャーニー」という番組の制作クルーと一緒に現地を訪れた。全行程二週間の短い旅だが、驚くほどに濃い旅でもあった。とんでもないアクシデントやハプニングも起きたし、酒飲み民族の実態にも目を疑った。

嘘のような本当の話。本書は一言で言えばそんな旅の物語である。

酒を主食とする人々◎目次

はじめに　1

第1章　ありえない「出発」

1　酒を主食にしている謎の民族デラシャ　18
2　葛飾区のエチオピア　27
3　日本医学史上初（？）の〝怪挙〟　37

第2章　アフリカの京都

1　アフリカの京都は嗜好品天国　46
2　酒飲み民族への道　58
3　オールド・エチオピアの世界　64

第3章　不思議の国のコンソ

1　秘境テレビ番組の舞台裏と裸の王様の苦悩　72
2　異形の村　82
3　酒取材最大の危機　90
4　朝から晩まで酒　100
5　大酒飲みのハードワーカー　113
6　銀河鉄道999の星　124

第4章 劇団デラシャ

1 本格酒民族デラシャの洗礼 132
2 十九世紀以前のアフリカへタイムスリップ 141
3 どっちも土器、みんな土器 149
4 謎と混乱の果てに 155

第5章 ホンモノの家族とホンモノの酒飲み民族

1 ホンモノの家族を発見！ 168
2 汝、固形物を食べるなかれ 177
3 味噌入り（？）の濁り酒パルショータ 185
4 テレビ画面に映らない問題 193
5 幻の本格酒飲み民族は実在した 203
6 地下銀行「ポロタ」 212
7 素に近づくと素面でなくなる 221
8 究極の異種格闘技、主食酒VS現代医学 232
9 別れの固形物パーティ 242
10 裏の裏に裏がある 252

エピローグ 261
謝辞 274

今回のクルー（左からP長井君、フィクサー、コーディネーターの北澤さん、D岩木君、ガイドのヨハネス）

豆を焙煎するところから始める
エチオピアの「コーヒー道」

エチオピアの定番料理インジェラ

焙煎前の「豆」。実際はコーヒーの
果実の中にある種。

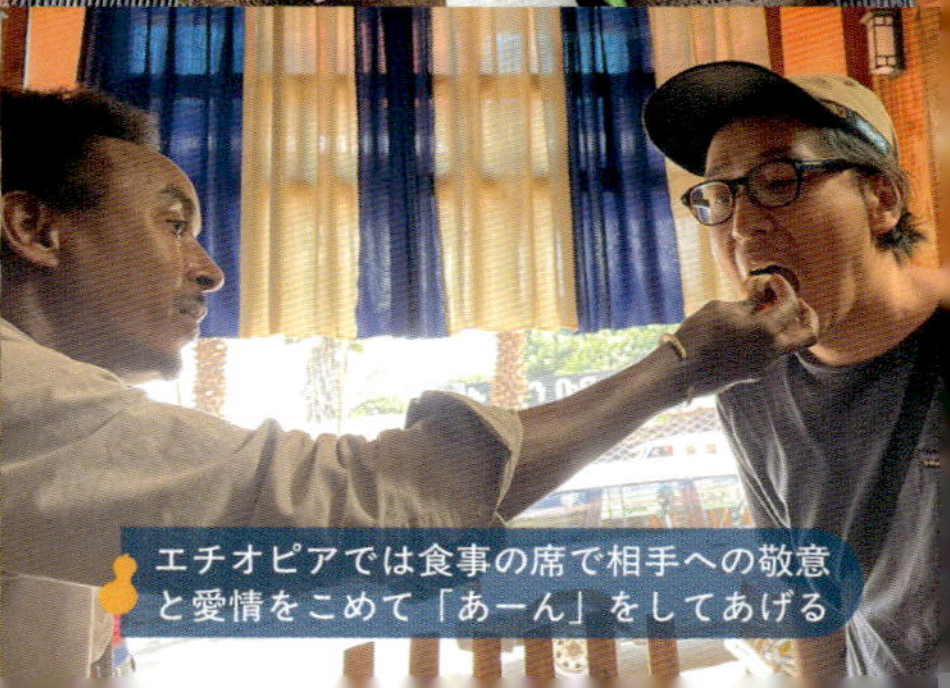

エチオピアでは食事の席で相手への敬意
と愛情をこめて「あーん」をしてあげる

ガマイダ家の食事風景（左からお母さんグレタ、長女アルマズ、お父さん、アルマズの妹二人、私、チュチュ）

覚醒植物カートを見せるアルマズ

コンソの酒「チャガ」を飲むガイドのチュチュ

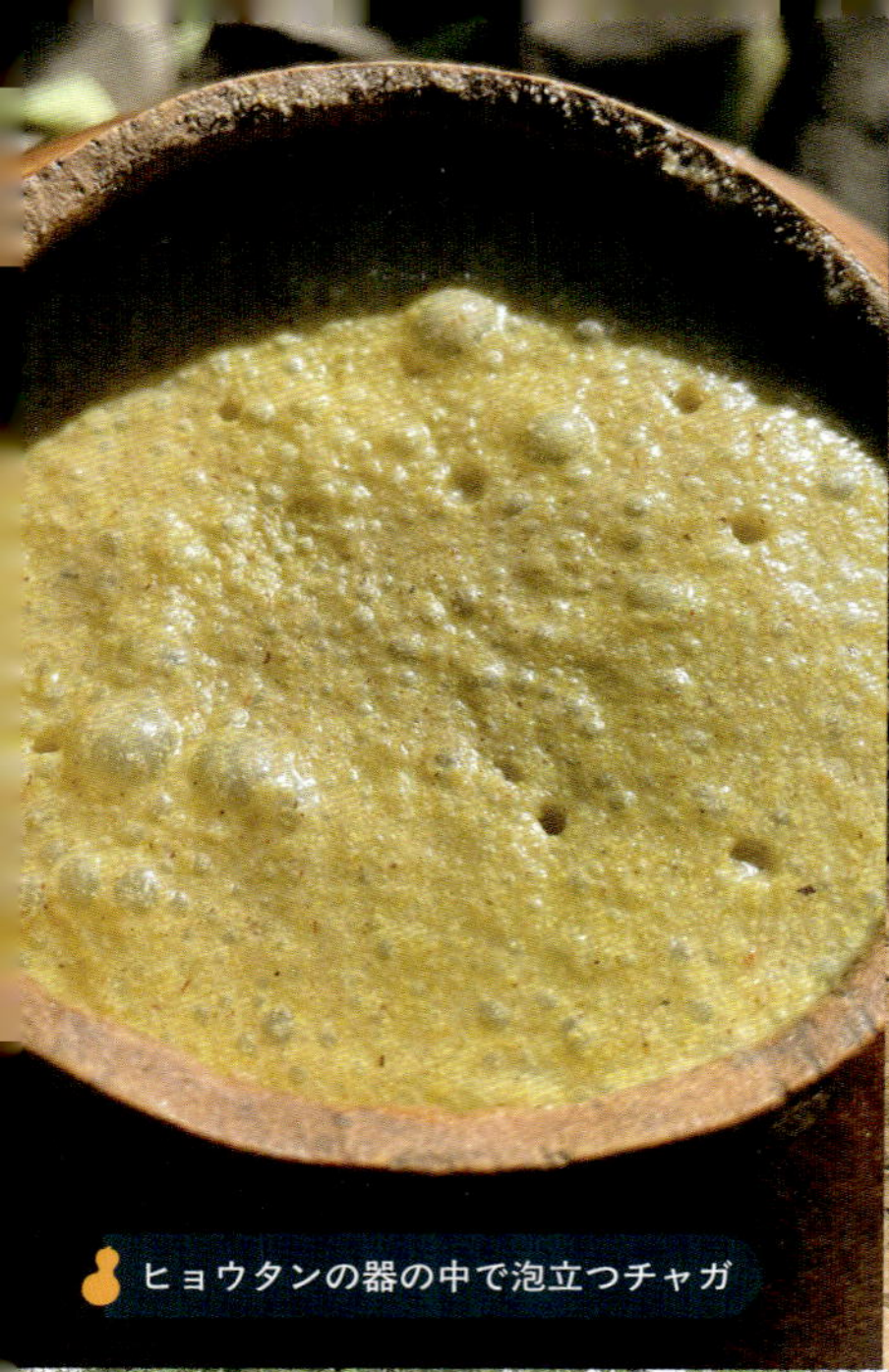

ヒョウタンの器の中で泡立つチャガ

チャガ作りに励む長女アルマズ

村のチャガバー。家でも外でも同じようにチャガを飲む。

ガマイダ家での宴に集まってきた村の長老たち

チャガバーの女性客と私

お母さんと犬

コンソの村は狭くて、石がびっしり
敷きつめられている

エンセーテを売る女性

蒸留酒「アラーケ」を見せるバーの女性

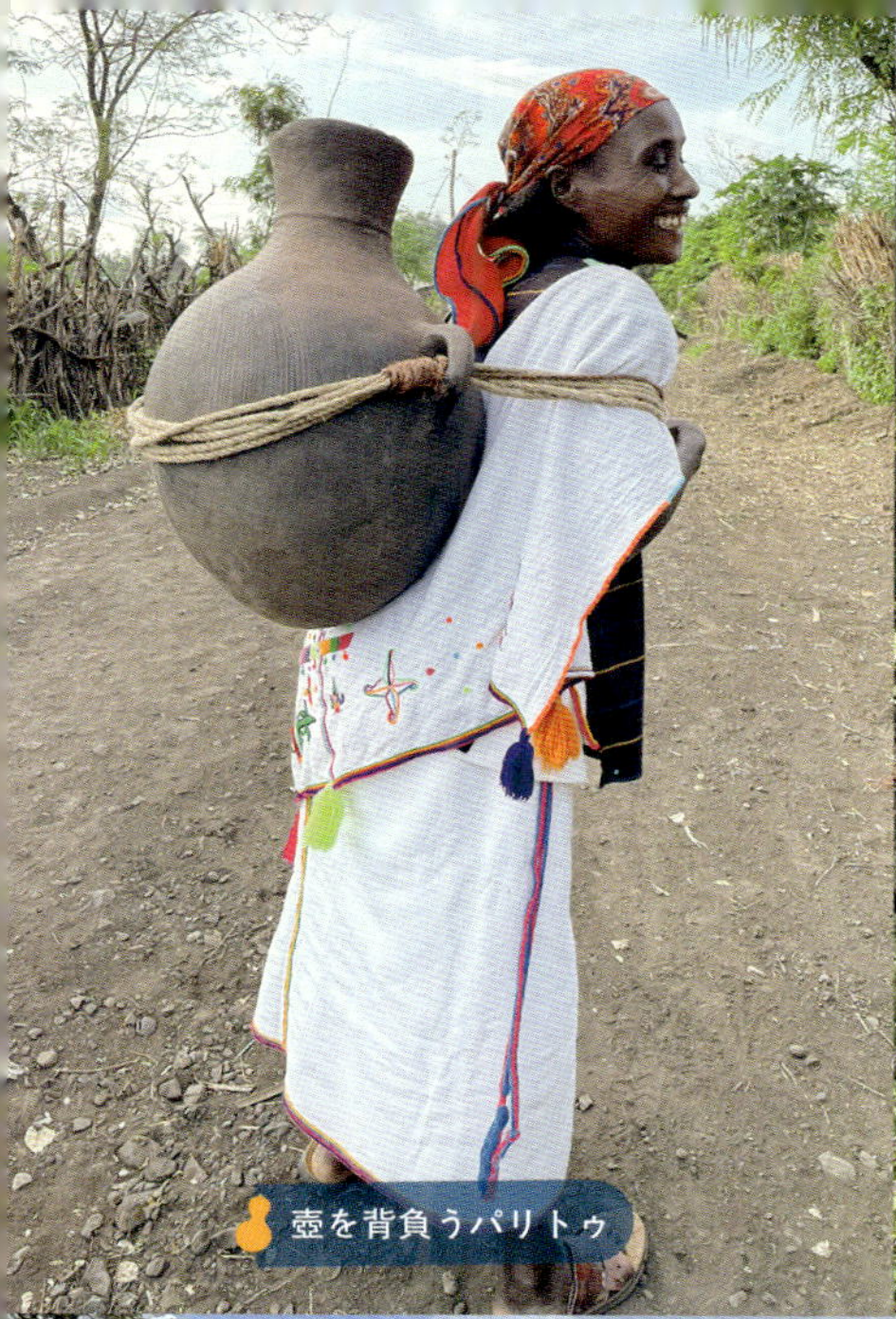
壺を背負うパリトゥ

カートの葉を摘むイケメン男子たち

デラシャの伝統的な歌と踊り「フィラ」

デラシャ低地にあるホルテ村のステイ先

高地アルガイ村、タファセ家の家族（右端はガイドのヨハネス）

デラシャの酒「パルショータ」を飲むホルテ村の女性

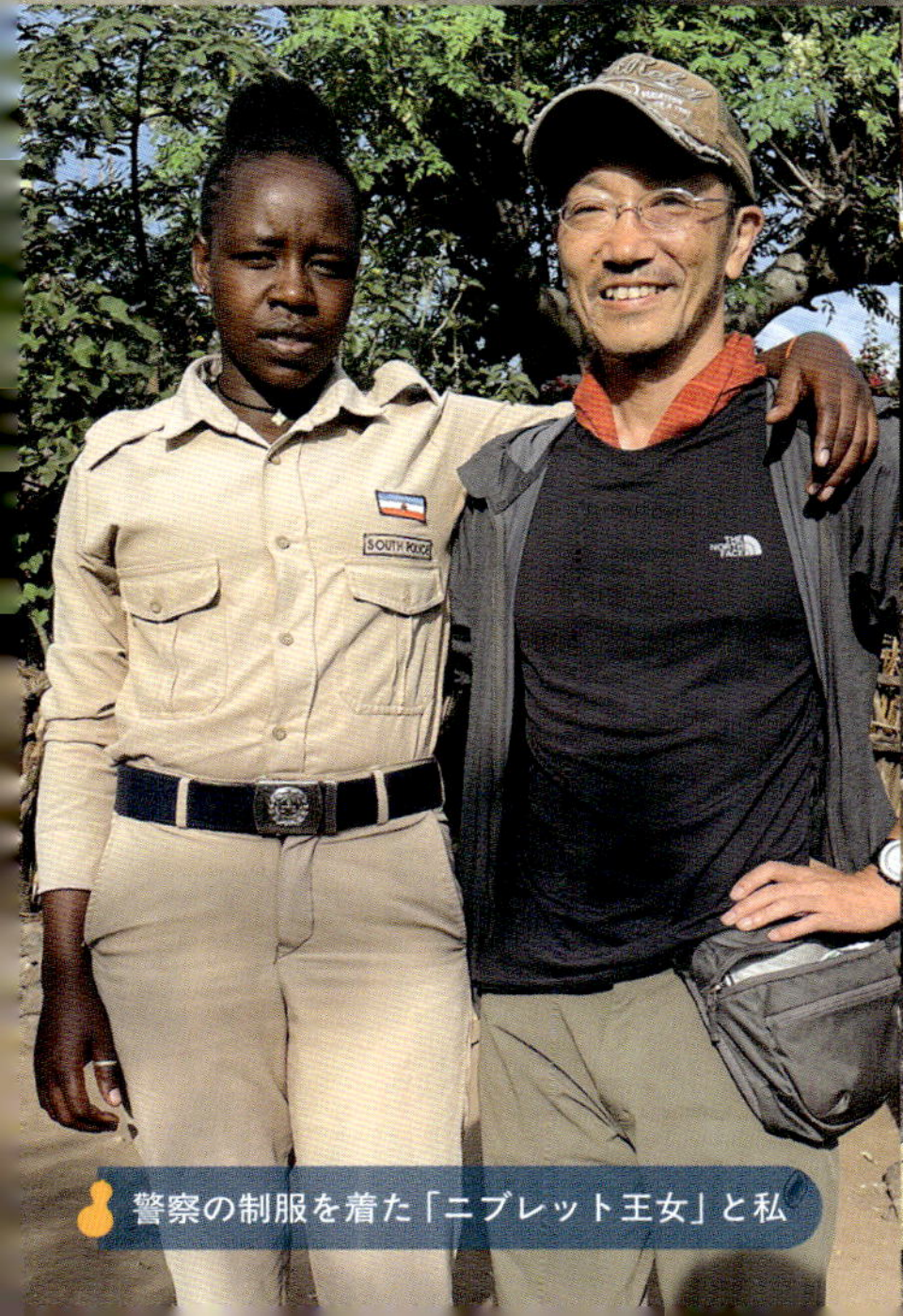

警察の制服を着た「ニブレット王女」と私

ソルガム粉を練った「カボタ」を
見せるプズナシ

タファセ家でのヤギ肉パーティ

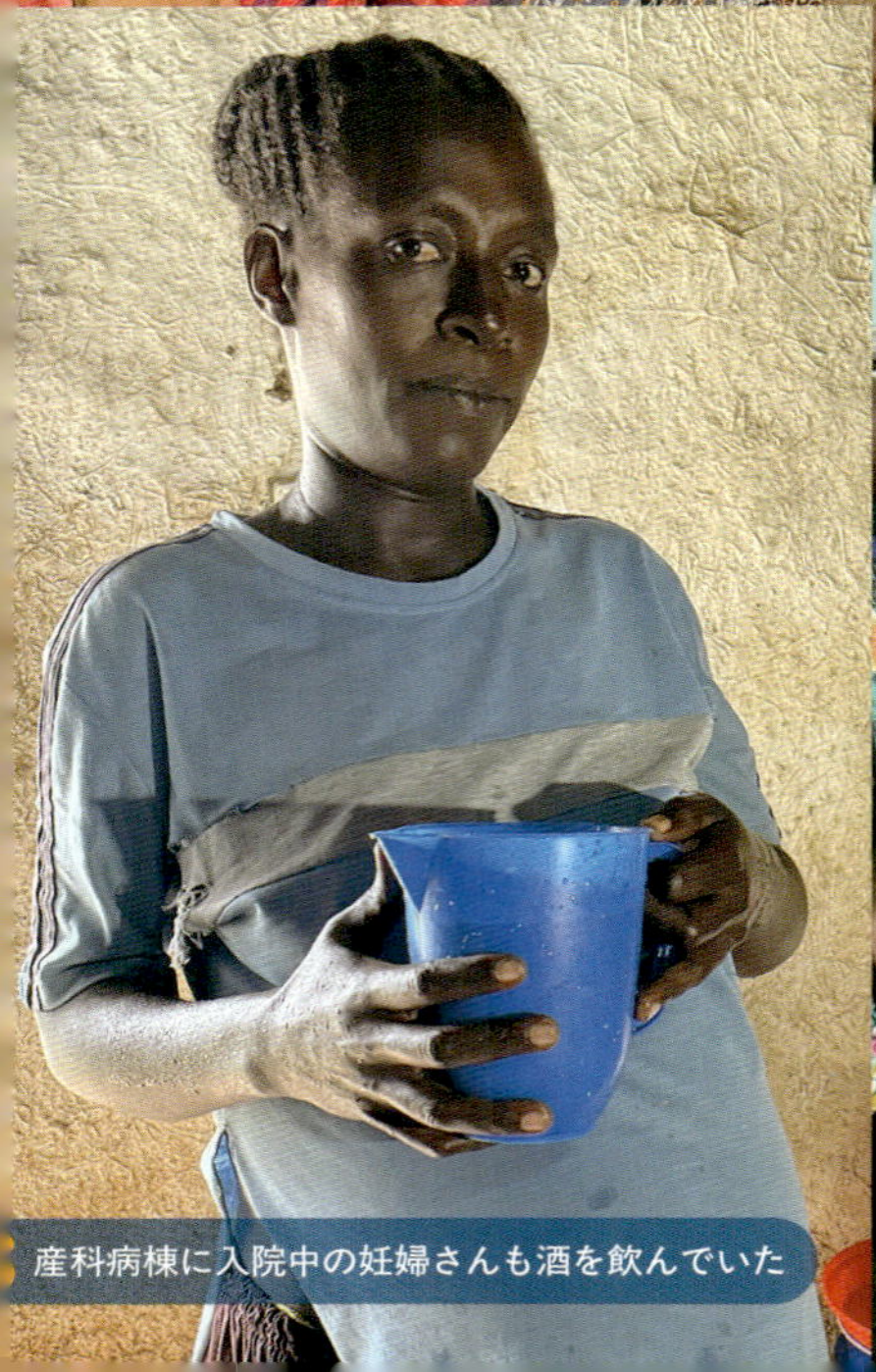

産科病棟に入院中の妊婦さんも酒を飲んでいた

五歳児も酒を飲んで酔っ払っていた

グラスに注いだパルショータ

パルショータの原料、ソルガム

デラシャ第一病院の医師（左から三人目がアスマラ・アベラ院長、
四人目がウォンド先生）と役場の人たち（左からアトナフ、メセレ）

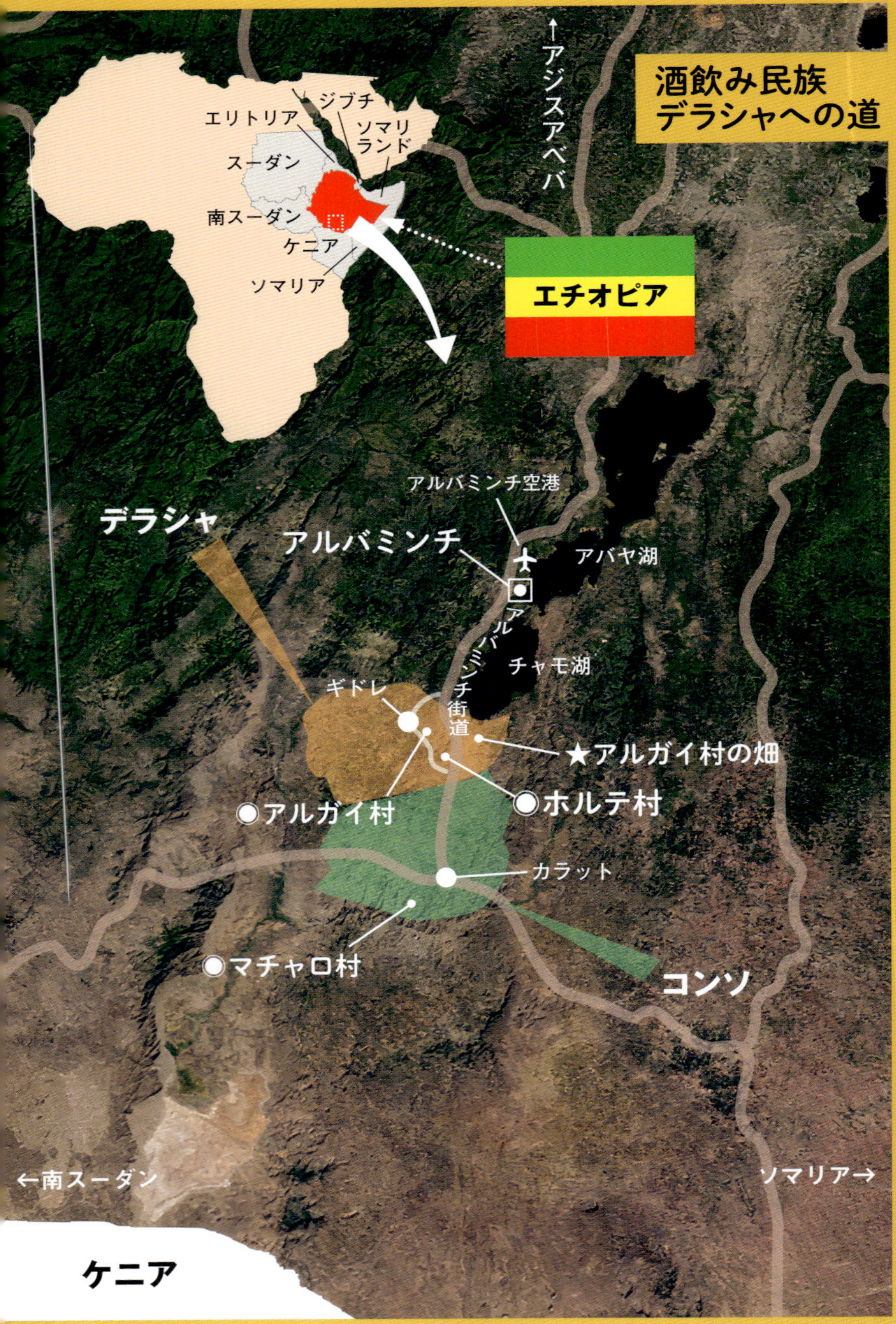

酒飲み民族
デラシャへの道
←アジスアベバ
エリトリア
ジブチ
ソマリランド
スーダン
南スーダン
ケニア
ソマリア
エチオピア
アルバミンチ空港
デラシャ
アルバミンチ
アバヤ湖
アルバミンチ街道
チャモ湖
ギドレ
★アルガイ村の畑
アルガイ村
ホルテ村
カラット
マチャロ村
コンソ
←南スーダン
ソマリア→
ケニア

酒を主食とする人々

エチオピアの科学的秘境を旅する

イラスト　鈴木浩平
デザイン　金子哲郎

第1章
ありえない「出発」

1　酒を主食にしている謎の民族デラシャ

空港から話が始まる旅行記にはろくなものがない。成田であっても目的地の国の空港であっても——というのが私の持論なのだが、この旅行記は私が成田空港へ向かうところから始まる。ろくな旅行記でないことがこのことからもすぐわかる。

その日、私は空港に向かう電車の中でいつにない高揚感と緊張感をおぼえていた。生まれて初めてテレビカメラが自分の取材というか旅に同行するのだ。正確に言えば、まだ三十代の頃、テレビのクルーと一緒に出発したことは二度ほどある。でもそれはコーディネーターや現地ガイドといった「スタッフ」としてだった。今回は私が「主役」である。

番組はTBSの「クレイジージャーニー」。浮世離れしたこだわりのために、ふつうの人が行かないような僻地やマニアックなスポットに出かける〝クレイジーな旅人《ジャーニー》〟にカメラが同行し、その後、スタジオに旅人を招いて、松本人志、小池栄子、設楽統というMC三氏がVTRを見ながら話を聞くというスタイルである。世界のスラム街やマフィアを訪ねる犯罪ジャーナリストの丸山ゴンザレス氏、奇妙な風景を好んで撮影する写真家の佐藤健寿氏といった人がこの番組で有名になった。

私も以前、合計四回出演しているが、そのときはスタジオで過去の体験談を披露しただけである。それでも反響は大きく、「クレイジージャーニーで高野秀行を初めて知って本を読むようになった」という人が激増した。私は自分自身ではテレビに映りたいと全く思ってない半面、読者が増えるのは大歓迎である。だから「今度はクルーと一緒に海外の辺境へ出かけないですか」と声をかけられたとき喜んで話に乗った。しかも行き先は「酒を主食にする民族」。私がぜひ一度訪ねてみたいと熱望していた民族の村だった。

たしか二〇一九年のことだと思う。書店でたまたま砂野唯著『酒を食べる　エチオピア・デラシャを事例として』（昭和堂）という本を見つけ、立ち読みしただけで瞠目した。すぐに購入して読み、心底驚いた。エチオピア南部のデラシャという民族は栄養の大部分をパルショータと呼ばれる酒から得ているというのだ。パルショータはイネ科モロコシ属のソルガム（学名Sorghum bicolor、日本ではタカキビ、モロコシ、コーリャンなどと呼ばれる）という穀物から作られる濁り酒で、アルコール度数三〜四パーセントくらい。それをなんと一日五リットルも飲むとか、子供も二歳から少しずつ慣れて十代半ばで大人と同じように酒が主となるとか、ほとんど酒だけで生きているのに筋骨隆々としているとか、信じられないことばかり書かれている。コメディかSFかと思ってしまった。

でも砂野さんはそこに十年以上通って調査を行っているという。ソルガムは稲、小麦、大麦、トウモロコシと並んで「世界五大穀物」の一つに数えられ、アフリカでは主食として広い地域で食されているが、ふつうは粉にしたものを煮たりふかしたりして、柔らかい団子か餅みたいな形態にして食べている（人類学者は「練《ね》り粥《がゆ》」と呼んでいる）。それだけだとデンプン質ばかりで栄養が足りないが、発酵させて酒にするとタンパク質を構成するための必須アミノ酸などが生じ、人間が生きるに十分な栄養をまかなえるという。

砂野さんは京都大学大学院で学び、まさにこのパルショータについての研究で博士号を取得した生態人類学者である。同書ではデラシャ人の酒の摂取量やパルショータの栄養の分析なども緻密に行っている。また、今西錦司の流れを引く「現場体当たり主義」の京大系の研究者らしく、最初は地元の人と同じ食生活に挑戦したものの、酒を一日一リットル程度しか飲めず、でも他に食べるものがいくらもないので、栄養失調で倒れて入院したという生々しい話も記されている。砂野さんは超優秀かつチャレンジャーで、この人こそが「クレイジージャーニー」に登場すべき人だろう。

つまり、この話はネット上の噂などではなく、信じざるをえない。ある意味では、この五年ぐらいで私が最も衝撃を受けた本だと言える。しかし同時に、

——本当にそんなことがありえるのか？

とも思ってしまった。私は世界各地の辺境を訪れ、日本人としては（あるいは世界的にも？）最もいろいろな珍食奇食を体験してきた人間の一人だと思う。人間が自分の住む環境に適応し

て、驚くような食品を食べていることはよく知っている。

また、安全な水を確保できない辺境の地では水代わりに薄い酒を飲む人たちがいることも自分の目で見てきている。例えば、南米アマゾンやアンデス山地の先住民やミャンマーとインド国境に住むナガ族の人たちがそうだ。

でもほとんど酒だけで生きていくというのは正直、まるで「実感」が湧かなかった。どんな感じなのだろうか。私は酒が大好きだが、それでも朝から晩までずっと飲んでいるわけではないし、つまみだってほしい。でもこの人たちはひたすら酒を飲んでいるという。そんなに飲めるのか？　酔っ払って仕事に支障をきたしたりしないのか？　幼い子供や妊婦の人、授乳中の人はどうしているのか？

「実際に自分でデラシャの酒飲み生活を体験したい！」と強く思ったのだが、それは難しかった。すでに研究書が刊行されている以上、私が今さらそこへ行ってノンフィクション本を書いても「後追い」になってしまう。

別に仕事にする必要はないじゃないかという考え方もあった。すごく好奇心をそそられるのだから個人的な旅で行くのでもいっこうにかまわない。ところが単なる旅行で行くにはデラシャはハードルが高かった。エチオピア南部はいまだに独特の習慣を残した少数民族が住むアフリカでも有数の辺境の地であると同時に、それらの民族は政府から保護されていると聞く。ガイドブックやネット上の情報を見るかぎり、自由な旅行はできず、高額なツアーに参加する必要があるようだ。事実、アフリカ好きや旅行好きの知人友人の間でもエチオピア南部へ行ったという話は聞いたことがない。とても気軽には行けないのである。

そういうわけで、デラシャのことは自分の心の中にある「いつか行きたい場所リスト」に放り込んで忘れてしまっていた。ところがコロナ禍が明け、クレイジージャーニーのスタッフから「高野さん、どこか一緒に行きませんか?」と声をかけられたとき、ふとデラシャを思い出して、提案してみた。私が完全に自分の企画としてデラシャの村を訪れるのは無理があるが、テレビ番組としてならちょうどいいのではないかと思ったのだ。なにしろ本を書くのが目的ではなく、私は酒メインの生活を体験してみたいだけなのだから。

もっともこの時点ではこの企画が成立することにさして期待していなかった。デラシャの話はとっくにテレビで紹介されていると思ったからだ。こんなに派手なテレビ向きの民族はない。日本のテレビ局が放っておくわけがないだろう。

ところがである。クレイジージャーニーのスタッフが調べたところ、デラシャの酒をテーマにした番組は制作されたことがないという。唯一、三年前(二〇二〇年)にNHKが「食の起源」というシリーズを制作したとき、デラシャが取り上げられたものの、時間にして五分程度だったという。

かくして、意外にも番組としての企画は通ってしまった。次なるハードルはエチオピアで撮影許可が下りるかどうかであった。エチオピアでは各地で内戦が続いている。幸い、デラシャの人たちが住む南部諸民族州（デラシャ人の住む地域は二〇二三年八月に行政区画再編のため「南エチオピア州」となった）は治安に特に問題がなさそうだが、隣のオロミア州はすでに危険地帯と化している。とりわけ深刻なのは北部ティグライ州で、政府軍が反政府軍の兵士だけでなく民間人に対しても深刻な人権侵害を行っているという情報が流れていたが、政府が外国人ジャーナリストを入れないようにしているため、詳細は明らかではなかった。このような場合、外国のジャーナリストやメディアは当該国のビザ取得にあたって、「ダミーの許可申請」を行うことがある。例えば「少数民族の食文化を取材したい」と言ってエチオピアのビザを取得しておいて、エチオピア入国後はティグライ州周辺の紛争地に行ってしまうとか。だからエチオピア政府のガードは相当堅くなっているのではないかと私は懸念したのだ。

ところがこちらも、時間こそ多少かかったものの、TBSが頼んだ現地コーディネーターから「許可が下りる」と連絡が来た。

——なんと、行けるのか！

これが二〇二三年の七月末で、出発は九月下旬。あと二カ月しかない。

慌ててエチオピア行きの準備を始めた。まずエチオピアの公用語であるアムハラ語の読み書きだけは覚えておこうと思った。私はこれまでエチオピアを四回ほど訪れたことがあるが、アムハラ語は習ったことがない。アムハラ語はアフリカ大陸で唯一独自の文字をもっている。知らない人間からすると子供が悪戯書きした絵文字のように見えるやつだ。最低限、その文字の読み書きと簡単な挨拶程度は学んでおきたかった。

デラシャ語も少し勉強したかったが、日本にデラシャの人はいそうになく、またネット上にも情報がほとんどなかった。ただ、アフロ・アジア語族のクシ語派で、ソマリ語と親戚関係にあるという、ソマリ好きの私には興味深い事実が判明した。

びっくりしたのは、英語で検索してもデラシャ人の情報が何も出てこないことだった。ちなみに、日本人がふつうに使用しているGoogleで検索しても役に立つ海外の情報はあまり得られない。特に日本になじみのないアフリカや中東の情報はそうである。英語であっても、「日本人向け」なのだ。だから私は海外情報を調べるときには「アメリカのGoogle」をわざわざ呼び出し、そこで検索をかける。すると、日本版に比べて質量ともはるかに優れた情報が現れる。だが、アメリカ版Googleでもデラシャのことは出てこない。いや、ゼロではない。社会学とか行政の事情とか音楽の話は出てくるのだが、「酒を主食にしている」という肝心の情報がない。あるとすれば、英語で書かれた砂野さんの論文だけ。YouTubeやTikTok、ＳＮＳでも皆無。

これほどの超情報化社会なのにどうして？　と驚かざるをえない。

日本でなぜデラシャの酒文化が知られていないのかはわからないでもない。砂野さんの本はすごいと私は思うが、価格が五千二百八十円（税込）もする。内容も博士論文をもとにした学術書なので、よほどアフリカか人類学か栄養学などに興味がある人でないと読み通すのが難しい。

また、私には人類学者の知り合いが大勢いるからそういう人たちに会うおりにデラシャのことを訊いてみると、「あー、なんか聞いたことがある」というふうに答えた人が約半分、残りの約半分は知らなかった。人類学の世界でも話題になっている様子がない。複数の研究者は、「酒をたくさん飲んでいるという現象面だけでは評価されない。それが社会構造とかもっと大きくて深いものにつながらないと」というようなことを言っていた。

あるいは世界的に「アルコールの摂取は健康上、好ましくない」という傾向にあるので、それに逆行している研究と見なされて評価されにくくなっているのか。

でも日本のテレビはもちろんのこと、イギリスのＢＢＣもナショナルジオグラフィックも誰も気づいていないのは不可思議だ。YouTubeやTikTokでも何一つアップされていないのはもっと理解に苦しむ。

なんだか、デラシャは目撃者がたった一人しかいないＵＭＡ（未確認動物）のようだ。

——本当にそんな民族がいるのだろうか？

と思ってしまったのも無理はないだろう。

事情をいちばんよく知るのはもちろん「目撃者」だが、その頃、砂野さんはちょうどネパールでの長期調査に出かけており、私たちの出発前に会って話を聞くことができなかった。番組のプロデューサーとディレクターだけがオンラインで一時間ほど砂野さんと話をしたが、彼らはアフリカに行ったこともない人たちであるし、どうやら深い話はできなかったようだ。ちなみに私はこの取材（？）に参加しなかった。私はＴＢＳの人間ではないので、もし砂野さんに会うとしても、別個に会いたかったし、オンラインでその場所の第一人者とされる人にエッセンスだけちょろっと訊くなんてさすがに虫が良すぎると思ったのだ。

だいたい、もし目撃者がたった一人のUMAがいるとしたら、その一人の目撃者の証言を今さら根掘り葉掘り聞いてもしかたない。自分が実際にその土地を訪れて、自分でUMAを探した方がいいに決まっている。それと同じだ。

私の目的は大きく三つ。

①酒を主食とする民族は実在するのか?
②実在するとしたら、一日中、酒を飲む生活はどんな感じなのか?
③日常生活や健康に悪い影響はないのか?

以上の疑問を確認することだ。TBS側と私のスケジュール上の都合で全行程二週間の短い旅ながら、現場に行きさえすれば、ある程度は達成できるにちがいない。

そのような経緯を経て、私は成田へ向かった。なんといっても世界初の本格映像ルポになるかもしれないわけだ。気持ちが高揚するのもおわかりいただけるだろう。ところがこの日、私は予想もしないアクシデントに遭遇することになる。なにしろ空港から始まる旅行記にろくなものはないのだ。

2　葛飾区のエチオピア

「お客様、やっぱりエチオピアのビザがないと飛行機にご搭乗できないですね……」

成田空港チェックインカウンターの全日空（ＡＮＡ）職員の言葉に私は瞑目した。同行のプロデューサーとディレクターは努めて感情を顔に出さないようにしているが、内心、衝撃を受けているにちがいない。

辺境の旅は予想できないことが頻発する。とはいえさすがに日本を出る前からそれが始まるのは私の長い経験でも初めてだった。

今回の旅はひじょうに特殊だ。単にテレビのロケだからではなく、主導権が誰にあるかよくわからないのだ。これはあくまで「高野秀行にテレビカメラが同行する」という設定になっている。決して番組上の建前ではない。なにしろ私はこの仕事で一切報酬を受けとれない。ノーギャラなのだ。つまり、正確に言えば「仕事」ですらない。

局側は「旅費を出すから行きたいところへ行って下さい」という。番組に出演するわけでも、レポーター役を務めるわけでもない。私自身の旅なのだ。

にもかかわらず、ビザと航空券から、撮影許可、現地ガイド、訪れる村と滞在する家の選択まで、全てはTBSが委託する南アフリカのコーディネート会社に任されている。内情はさらに複雑で、会社自体は日本人が経営していて、取材に同行するのも南ア在住の日本人女性らしいが、でもその人はエチオピアへ行ったことがなく、同国では首都アジスアベバにいる「フィクサー」とプロデューサーが呼ぶ謎の人物が取り仕切っているという。そしてその「フィクサー」の指示の下、私たちが訪れるエチオピア南部についてはさらに複数の地元在住の人が動いている……。

要するに私が主体的に動くにもかかわらず、その経過はブラックボックスというか闇鍋のような状態なのだ。特にわからないのがアジスアベバの「フィクサー」だ。あっさり撮影許可を取得したらしいから相当政府にコネクションを持っているようだが、何者なのか説明がない。プロデューサーも知らないらしい。現地では私とディレクターの二人は村の家にホームステイさせてもらう手はずになっているが、プロデューサーやコーディネーターなど他のスタッフは「町でテントに泊まる」という。

テント？　意味がわからない。どうして宿に泊まらないのだろう。もしかするとホテルがないのかもしれないが、そうだとしても、キリスト教会とか公民館みたいなところとか宿泊できる場所はあるはずだ。

だいたい雨が降るだろう。九月〜十月はちょうど現地で雨季にあたっている。テレビのロケでいちばん大事なことの一つは機材と電源の確保だ。雨が降りしきる中では機材の保管や充電がしにくいしトラブルが起きやすい。特に最近の電子機器はすぐに不具合を起こす。大自然の中ならともかく、町なのだから屋根のある場所が望ましい。

私がプロデューサーにそう言うと、フィクサー経由で「現地は乾季だから大丈夫。最低気温は八度ぐらいだから暖かい服を持ってくるように」という返事が来た。私がネットで気象情報をチェックすると、それは首都アジスアベバのことであり、私たちが行く南部はまさに雨季、最低気温は十五度、最高気温は三十度を超していた。この「フィクサー」は何も現地のことをわかっていないと私は溜息をついた。でも結局現地のアレンジはアフリカ大陸にいる誰かに任せる他はない。

「事前にビザをとる必要はない。撮影許可があれば空港でビザがとれる」とのことだったので、それにも従っていた。その結果、成田のチェックインカウンターで「お客様、ビザがないとご搭乗はちょっと……」と言われてしまったのだ。フィクサー、なんてデタラメなんだろう。

気の毒なのはプロデューサーだ。彼は番組制作の全体に責任を負うという意味でのプロデューサーではない。ロケの「お目付役」が主な任務だという。

クレイジージャーニーは一度「ヤラセ事件」で打ち切りになっている。「爬虫類ハンター」という人が中米の国で偶然捕獲したとされる珍しい生物六種類のうち、四種類が事前に準備していたものだったと判明。さらに過去十回の放送でも、捕獲した生物のうち十一種類が事前準備したものとわかり、TBSは「不適切な手法」で視聴者の信頼を損なったとして、番組を終了させたのだ。

これは組織的な行為ではなくあくまで担当ディレクター個人の行為だったとされている。当時はロケに行くときはディレクターが一人で旅人についていき、カメラも回していたという。

この件についての詳細は知らないが、「ヤラセ」やそれに類する「過剰な演出」は昔からテレビ業界でよく見聞きする。私もリサーチやロケに何度も関わったから気持ちはわからないでもない。「少しでも番組を面白くしたい」という欲望と「面白くないと言われたらまずい」というプレッシャーからやってしまうわけだ。番組の善し悪しは自分の評価に直結する。

クレイジージャーニーは並外れて人気のある番組だったので、その後も復活の要望が視聴者や局の内部から寄せられ、極めて異例なことに三年後に復活した。ただし前回の失敗を踏まえ、「ディレクター一人で行かせると誘惑に負けてしまう恐れがある。コンプライアンスを遵守するためにもう一人同行者をつける」ことになったという。それがこのプロデューサーなのだ。もちろん、一緒に行くからにはただ見守っているわけにはいかない。経費やスケジュールの管理、コーディネーターとの連絡、トラブル対応など、面倒くさいことはなんでも行う。そして、最も面倒くさい業務が初っ端から出現したわけだ。

ANAの職員数名とプロデューサーは一時間ほど、あちこちに連絡しながら確認をとったり打開策を考えたりしていたが、結果は変わらず、「今日これからオンラインでビザを取得し、明日、改めて出発」ということになった。

全くありえない。飛行機の予約変更代、現地の宿やスタッフの手配も変更もしくは延長しなければならず、これだけで一体いくら損害が出ているのか不明だ。だいたい、本当に明日出発できるのだろうか。

とはいうものの。プロデューサーとディレクターは、さすがに口数が少なくなっていたが、私はむしろ楽しくなっていた。ハプニングやアクシデントがあると、「ああ、旅してるなあ」という感じがするのだ。まだ日本を出てもいないのだが。

いちおう明日の出発を予定しており、しかも明日のエチオピア行きの便は成田空港ではなく羽田空港から出るということで、羽田近くのホテルに泊まるかそれともいったんそれぞれ自宅に戻るかどうしようかという話になったのだが、私は突然、別の選択肢を思いついた。

「四ツ木へ行こう！」

東京葛飾区の京成線四ツ木駅付近（地名は「四つ木」）は在日エチオピア人が集まって住んでいる。そしてそこにはそういう人たちが利用するエチオピア料理店もあるという情報を事前に得ていた。ほんとうは出発前に一度訪ねてみたかったのだが、時間がなくて実現しなかった。「今日エチオピアに行けないのなら、別のエチオピアへ行こう！」という我ながら冴えた提案なのだ。これこそ私が主導する「高野秀行の旅」である。

かくして私たち三人は大量の荷物と機材を抱えて、なぜか葛飾区のエチオピアへ到着した。「リトルエチオピア」という名のその店はレストランというより、「バーカウンターのついた食堂」であった。アフリカ系の人が経営するレストランにはこういう形式が妙に多い。

中は完全にエチオピア。店内は日本の演歌にも似たエチオピアのポップスが流れ、店のオーナー夫妻もアジスアベバ出身のエチオピア人だし、他のお客さんもエチオピア人ばかり。壁のポスターに記された文字も、聞こえる言葉もアムハラ語。

プロデューサーとディレクターも「いいですねえ、こういう雰囲気」とようやく笑顔になった。彼らはアフリカへ行ったことがないので、とても新鮮なようだ。プロデューサーは長井《ながい》貴仁《たかひと》君（以下、「P長井君」）、ディレクターは岩木《いわき》伸次《しんじ》君（「D岩木君」）という。それぞれ、四十四歳と四十歳のベテランのテレビマンであり、私が「君付け」で呼ぶのは失礼かもしれないが、二人ともまだ若さが漲《みなぎ》っていてとても感じがよく、「高野さんと一緒にアフリカに行けるなんてすごい嬉しい」なんて言ってくれるから、なんだか部活の後輩みたいな気がしてついそう呼んでしまうのだ。

私は出発前に付け焼き刃で覚えた片言のアムハラ語で「ビール三本ください」とか「あなたの名前は何ですか」などと話しかけて女将さん（女性の店主）に「えー、アムハラ語喋れるの？　すごいね！」と喜ばれたり、二人の〝後輩〟に「高野さん、やっぱ、すごいっすね」と感心されたりした。素晴らしい展開である。

私のこれまでの経験ではエチオピアの人たちは物腰が柔らかく、落ち着いているという印象だが、ここの人たちは陽気だった。特にエフレムさんというマスター（男性の店主）は愉快な人で、「ご飯を食べるのは体によくないよ。なるべく食べない方がいい。私も最近、ちょっとしか食べないから調子がいいよ」なんて珍説を流暢な日本語で主張する。その割にはお腹がぽっこり出ているし、だいたい料理店の主が客に「メシ食うな」というのがおかしすぎる。私たちは冷えたエチオピアのビールを飲みながら笑い転げた。そして店主の忠告を無視してエチオピアの料理をガツガツ食べた。

エチオピアの料理といえばインジェラである。巨大なピザあるいはお好み焼きにも似た薄焼きのパンみたいなものだが、小麦ではなく、テフ（学名Eragrostis tef）というイネ科スズメガヤ属の穀物の粉を練って発酵させた独特の食品だ。私は現地でテフの畑を見たことがあるが、稲や小麦に比べるとびっくりするほど小さくてか細い作物だ。高させいぜい三〇センチぐらい、ほとんど路傍の雑草に見える。実など粒が小さすぎてよく見えない。実際にアムハラ語で「テフ」とは「見失う」という言葉に由来するという。こんなものを主食にするにはものすごい労働力が必要だろう。テフはエチオピアでしか食べられていないのもよくわかる。たまたまエチオピアの土地に合っているのだろう。低カロリーである反面、ミネラルやタンパク質が豊富であり、グルテンフリーの穀物として近年注目されているようだ。アメリカのセレブにも人気だという。

そしてテフから作るインジェラは美味い。乳酸発酵しているらしく酸味があり、ホットケーキみたいな気泡を含み、良質のクレープの生地みたいな柔らかさ、なめらかさである。インジェラの上にはワットと呼ばれるソースをいくつもかける。ソースとは言うけれど、肉や野菜をピリ辛味で煮込んだおかずである。つまり、日本人的に言えば、ご飯におかずをのせている感じだ。みんなで一つの大きなインジェラを囲み、各自がインジェラを手でちぎって好きなワットを包んで食べる。「カリフォルニアロールみたいですね」とD岩木君が言った。「あ、けっこう辛い。でも美味しい」とP長井君もうなずく。

よかった、気に入ってくれて。日本人には、酸っぱいお好み焼きみたいなインジェラが口に合わないという人がけっこういる。私は大好きで、いくらでも食べられるのだが。辛いワットはビールにもぴったりだ。バクバク食べていると、P長井君がややこちらを窺《うかが》うような口調で訊いてきた。

「でも、高野さん、インジェラ食べて大丈夫なんですか?」

「うーん、わからない。今試している」

「試してるって……」二人の〝後輩〟は微妙な笑みを浮かべた。

何の話をしているのかというと、私には「疑惑」があった。「インジェラ・アレルギー」あるいは「テフ・アレルギー」ではないかという疑惑だ。

私はこの十二、三年の間に海外でものすごい下痢と嘔吐に襲われたことが三回ある。よくよく考えると、それはいずれもエチオピアでしかも食事の後に起きていた。私は胃腸が強くないものの通常は下痢をするだけで(酒の飲みすぎ以外では)嘔吐することはほぼない。このときだけだ。

強いて言えば、私はコンゴで現地の巨大なスッポンを食べるとこういう症状に襲われた。どうやらスッポン・アレルギーだとわかった(でも後で日本で懐石料理の店に連れて行ってもらったとき、スッポンを食べたがなんともなかった。「コンゴのスッポン」だけがアレルギー反応を起こすらしい)。

エチオピアでの症状はコンゴのスッポン・アレルギーの症状にもよく似ていた。

ただし確信を持ってインジェラ・アレルギーと言えない理由もあった。最初にエチオピアに行ったのはもう二十年以上昔だが、エチオピアを二週間ほど旅し、毎日インジェラを食べていたにもかかわらず、なんともなかった。

症状を起こしたのは、三回とも隣国のソマリランドやソマリアへ行く前に経由したときだけである。二〇〇九年が最初で、次が二〇一四年、三回目が二〇一七年。一度この食中毒じみた症状が出ると三日ぐらいはまともに食事ができず、次にふつうにご飯が食べられるようになっているときにはソマリ人エリアに入ってしまうので、もうインジェラは食べない。だから本当にインジェラが原因なのか、今ひとつ確信が持てない。せめて二回連続で発症すれば確定するのだが。

それにもう一つ不思議なことがある。二〇一七年、妻との旅行でフランスのパリに立ち寄ったときにエチオピア料理店でインジェラを食べたのだが、なんともなかったのである。見た目も味もまるっきりエチオピアで食べるインジェラと同じだったのに。とすると、インジェラ・アレルギー説は成立しない……。

なんとも不思議な疑惑なのだ。

現地でいきなり私が倒れてびっくりしないようにという気遣いから、この疑惑について二人には話していた。だからこそ彼らは今心配しているのだ。

私は正直言って何も深いことは考えていなかった。自分はなぜか食べ物に関して「危なそうだから食べるのをやめよう」と思ったことがない。危なそうでも「食べたらわかるだろう」と思ってしまう。

実際のところインジェラはとても美味しい。三人でたらふく食べた。ビールも飲んだ。「ベタム・コンジェ（すごく美味しい）」とアムハラ語で言うと、「メシ食うな」という店主も奥さんもにこにこしている。

「アジスアベバに行ったら食材買ってきて」「いいよ、じゃあアドレス教えて」などと女将さんとＬＩＮＥの交換までして、私たちは葛飾区のエチオピアを後にそれぞれ自宅へ戻った。なんとも素敵な夜だった。そのときまでは。

帰宅したのは九時頃。「どうしたの!?」と驚く妻に事情を簡単に説明すると、布団に転がって寝てしまった。

十時半頃、急に気分が悪くなってきた。胃から激しい津波のような蠕動運動が発生し、たまらずトイレに駆け込み、間髪いれずに嘔吐した。吐いたものが真っ赤だったのは血ではなく、ピリ辛ソース「ワット」のせいだ。「食べるのはよくない」という店主の言葉が脳裏をかすめたが、すぐさま吐き気の第二波がやってきて、そんなものは吹っ飛んだ。

やはり、インジェラ・アレルギーだったのか。

かつて松坂大輔投手は「自信が確信に変わった」という名言を残したが、私の場合は「疑惑が確信に変わった」。全然うれしくないが。

吐きっぷりは前にエチオピアでインジェラを食べたときと同じであるものの、なぜか今回は下痢がない。代わりに嘔吐が止まらない。たちまち食べたものを全部吐き出し、もう胃液しか出ないのに、それでも吐き気が収まらない。胃が痙攣している。下が詰まっているから全部上から出ていくような感じでもある。

立っていることができず、トイレのドアを開けたまま床にへたり込んだ。頭がくらくらする。「どうしたの!?」と妻がこの晩、二回目の驚き顔。まったく私と一緒に暮らしているだけで苦労が絶えないと後から思ったが、このときはもちろんそんな余裕はない。ただ、インジェラ・アレルギーだと思うと話した。彼女にはこの「疑惑」について話していたし、インジェラを食べたこともある人だったから理解してもらえた。

「脱水症状になるから水を飲んだ方がいい」と彼女は言う。でも水を飲んでも、胃が受けつけず、直後に吐いてしまう。水分が補給できないまま、たぶん低血圧状態になってしまった。両方のこめかみの辺りが妙に涼しく、意識が闇の奥へと引きずり込まれていく。はるか昔、小学校の朝礼の時間に貧血で倒れたことがある。それをうっすらと思い出した。倒れる寸前みたいな状態で宙ぶらりんになっている感じだ。

妻は急いで近所にあるK病院に電話し、相談している。終わると「それはまずいから救急車を呼んだ方がいいって」。

妻が119に電話し、「救急車がすぐ来る」という。その前に救急隊員からどんな様子なのかと問合せが来た。といっても妻は自分で説明できないらしい。「話せる?」と訊かれ、電話をかわった。体は動かないし、半分気が遠くなっているのに、なぜか会話はわりと普通にできた。ただ話は通じない。

「アフリカのエチオピアにインジェラという食べ物があって、そのアレルギーだと思うんです」

「え、インジャ？　何です？」

「インジェラです。あ、でも原材料はテフという穀物です。エチオピアの穀物で、それを発酵させて作ったのがインジェラです……」

「え、テ？　インジェ？　エチオピア？」

　私が正確に説明しようとすればするほど混乱する救急隊員の人。落語か前衛演劇のようだ。結局何も通じないまま、電話は終了した。無理もない。もしかしたら日本の医学史上初のインジェラ（もしくはテフ）・アレルギーの発症例かもしれないのだ。

　十分もせずに救急車がサイレンを鳴らしてマンションの前に到着した。私は妻に支えられ、なんとか玄関口まで出て行った。ストレッチャーがガシャガシャと音を立ててやってくる。私はその上に倒れ込み、横たわった。そのとき発見した。

　ストレッチャーはものすごく寝心地がいい。

　それまでは立っていることはもちろん、座って体を起こしているのも辛く、かといって横になると内臓が丸ごと口から流れ出てくるような嘔吐感に襲われた。なのに、ストレッチャーは微妙に上半身から頭にかけて緩やかに持ち上がっており、吐き気が起きにくくなった。

　低反発のクッションは体の形に沿って変形し、ぴったり支えてくれる。オーダーメイドのベッド（なんて聞いたことないけど）のようである。最高級の寝心地だと感動してしまった。

そのまま救急車に積み込まれる。ストレッチャーが車に入るときは機械でスッと収められ、ここでも完璧な寝心地をキープ。ますます素晴らしい。

私にとって生まれて初めての救急搬送だ。妻も同乗した。

救急隊員の人たちは携帯電話でK病院と連絡をとっている。またしても現在の状況を聞かれたので、同じように「インジェラというエチオピアの食べ物によるアレルギーと思われる。でもインジェラはテフという穀物から作られる発酵食品であるからテフ・アレルギーかもしれない」という趣旨の説明をするが、同じように救急隊員の人は聞き慣れない外国の固有名詞の列挙に戸惑いを隠せない。

「患者さんは何かエチオピアの食べ物を食べたとか言ってますけど……」と病院側に伝えているが、病院側も「何のこっちゃ?」と思っているにちがいない。

でもすでに妻が相談の連絡を入れていたから、すんなり受け入れは決まり、出発。そしてすぐに到着した。

救急病棟に運び込まれるとストレッチャーから下りるように言われた。え、下りるの? と思った。ずっとここに寝ていたいというのが正直な気持ちだ。でもそんなわけにはいかない。

渋々ストレッチャーから下りると、案の定、激しい吐き気がこみ上げてきた。口を押さえてよろめきながらトイレへ向かい、吐いた。といっても、出たのは激しい嘔吐の声だけである。

その後、苦痛に喘ぎながらレントゲンと採血。しばらく診察室脇のベッドに横たわる。辛くてしかたない。やがて、医師に呼ばれて診察室に入った。椅子に腰掛けるよう言われるが、ふつうに座ることができない。椅子の上で立て膝をつくという異様に失礼な体勢でなんとか体を支えた。

夜間の救急医は不機嫌な人が多いと聞いたことがある。わけのわからない患者に対応することが多いし、そもそも過労気味だからだ。私の担当医もそうだった。私がまたもや「エチオピアにインジェラという食べ物があり、そのアレルギーだと思います……」と懸命に説明を始めたのに、ウンザリした口調でそれを途中で遮った。

「あのね、アレルギーだったら、下痢がひどいはずですよ。でもあなたはお腹を下してないでしょ。それに、これ見て」とレントゲン写真を指さす。「腸が詰まっちゃっているからガスが抜けなくて吐いちゃってるの」

そうか。下から抜けない分、上に出てきてしまったという私の直感は半分くらい正しかったらしい。でもやっぱりアレルギーだ。それを主張しようとした瞬間、猛烈な便意が電撃のように襲ってきた。「あ、トイレ！」と一言告げ、残った気力を振り絞ってトイレへ猛ダッシュ。本当に間一髪で間に合い、壮大に発射した。

下痢も嘔吐に負けないと言わんばかりの勢いと持続力を発揮した。まさにこれまで三回、エチオピアで起きた発作と同じ種類の下痢だ。

やっと一段落してからふらふらと診察室へ戻り、「すごい下痢だったのでやっぱりインジェラ……」と医師にあくまでアレルギー説を訴えようとした。だが医師はカルトにはまっている信者を眺めるような目つきで、「あっちで点滴打って下さい。そしたらよくなりますから」と言い、会話を打ち切った。

「せっかく日本で初めての症例（たぶん）を目にしているのに……」と思いつつ、ふと気づいた。私は単に酔っ払いだと思われているんじゃなかろうか。たしかに相当飲んでいる。そして酔っ払いはすぐエチオピアがどうのこうのとかわけのわからない説明をしたがるものだ。便秘気味の急性アルコール中毒患者。そう診断された可能性は高い。

いいや、ちがうんだと思いつつ、もう気力も体力も限界なので、言われたとおり、またベッドに横たわり、看護師さんに点滴を打ってもらう。

この時間が最も辛かった。ベッドは真っ平らで、体を支える気配さえなく、私は自分が奈落の底へ落ちていくような感覚を味わい続けた。無事自宅へ帰れたらなんとかしてストレッチャーを購入したいと、混濁した頭で考えて止まらなかった。

三十分ぐらいで点滴が終わると気分が急速によくなってきた。水分が補給されたのが大きいのだろう。ふつうに立って歩くことができた。

妻が会計を済ませ、二人でタクシーに乗って家に帰った。この晩、二度目の帰宅だ。今度も布団に横たわるなり、一瞬で寝入ってしまった。

アレルギーの発作自体はこれで一段落ついたが、なかなか回復しなかった。翌日、吐き気は少しずつ収まっていったものの、胃痛と激しい下痢が続いた。もちろん食欲はゼロ。

Ｐ長井君とＤ岩木君にはＬＩＮＥで事情を報告した。二人とも当然、仰天していた。心配だったのは出発である。昨日は「明日の夜便で出発」という予定だったからだ。どう考えても今晩、アフリカに発つのは無理だ。近所のコンビニへ行くのも怖いのである。幸いなことに、エチオピアのビザがまだとれないとのことで、結局、出発は「一週間延期」となった。

三日目になると下痢も落ち着いた。おかゆから始まり、消化のいい食べ物を少しずつ口にできるようになった。ただ、あれだけの嘔吐と痙攣を起こすと胃に相当ダメージが残るらしく、常に胃が気持ち悪く、鈍い痛みが続いていた。食欲もいたって低調。

心の中には新たな恐怖心が芽生えていた。今度の取材というか旅では、（もしそういう人たちが本当にいるのなら）酒を主食とする民族の村に十日ばかり住み込み、ずっと酒だけの生活をすることになっていた。私はもう五十代後半。元来決して頑丈ではない胃腸がそんな生活に耐えられるのか最初から不安を抱えていた。なのに、今は胃腸が壊れて回復していないのだ。というか、率直に言って、エチオピアの村の地酒なんか想像しただけで気持ち悪くなった。匂いを嗅いだだけで吐きそうだ。

でももちろんそんなことは妻にもＴＢＳのスタッフにも言えない。行くしかない。行けばなんとかなると信じたい。矛盾した話に聞こえるかもしれないが、不安を鎮めるためと食欲を呼び起こすため、酒だけは毎日飲んでいた。

倒れてから一週間後。前に荷造りしたまま放置してあったキャリーバッグやザックをまとめて、再度成田空港へ向かい、今度は無事に旅立った。

かくして、酒を主食とする民族を探し求める旅が始まった。本当にそういう民族がいてほしい、でももし実在したら私もそこの酒を飲まねばならなくて恐ろしい——という極度に矛盾した気持ちを抱えながら。

第2章 アフリカの京都

1　アフリカの京都は嗜好品天国

悪戦苦闘の果てにようやくアジスアベバに到着したのは予定より一週間遅れの十月初旬であった。十八時間に及ぶ長いフライトでは食事の量を極力控えてビールとワインをちびちび飲んでいたのがよかったのか、胃腸はなんとか最低ラインを維持していた。胃が多少むかついていて、軽い下痢がある程度だ。ホッと一息ついたものの、ようやくスタート地点に立っただけである。これから先は長い。

空港はきれいで外に出ると空気が涼しい。アジスアベバは標高約二四〇〇メートルの高地にある。気温は十二度くらいか。近年エチオピアは経済発展著しいと聞いていたが、ゆるやかな丘に緑が多く、鳥の鳴き声も聞こえて、最後に訪れた七年前と変わらぬ、さわやかな高原の首都がそこにあった。

いいなあ、エチオピアと思った。エチオピアは二千年前から文明が栄え、しかも他のアフリカ諸国と異なり、一九三六年から四一年まで五年間イタリアに占領されたことを除けば、ヨーロッパの植民地になったことがない。だから他のアフリカとは全くちがう伝統と文化が息づいている。私はこの国を「アフリカの京都」と呼んでいる。

今回の旅は何から何までいつもとちがう。いつもは一人か二人なのに、今回はテレビのロケである。大量の機材を税関に通すだけで一苦労のうえ、空港を出たところで、カメラの前で到着コメントを求められ、さらに大型の4WD車二台、日本人のコーディネーターとエチオピア人のガイドが待ち受けていた。大部隊だ。

もっとも私の方は、いつも全て自力でやっている交渉や段取りに気を遣わなくて済む。日本人コーディネーターは、南アフリカ在住の北澤望《きたざわのぞみ》さんという旅慣れた雰囲気の女性（以下、「C北澤さん」と呼ぶ）。エチオピア人ガイド兼通訳のヨハネスは三十代だろうか、気のよさそうな、イケメンの男性だ。

ホテルへ向かう道はそこら中で建設工事が行われていて、一方では昔ながらのゴミゴミした庶民的な町並みが残っている。ニュース映像で見た一九六四年の五輪前の東京を彷彿させる。アフリカが初めてのD岩木君はただのカバン屋や中古品屋を見るだけで「わあ、すごい！」と何やら興奮しているが、私は裏通りの埃っぽい未舗装路とドブに懐かしさを感じてしまう。ソマリランドもそうだし、アフリカの町はこういう場所が多いのである。

市内のホテルに投宿、一休みしてから、小ぎれいでファンシーなレストランへ移動した。今回の旅を丸ごとコーディネートする「グランド・ホリデイズ・エチオピア・ツアーズ」という大層な名前の旅行会社のオーナーが経営する店だ。ヨハネスもこの会社に所属している。どうやらそのオーナーが「フィクサー」らしい。今回の取材許可はかなり強引な手法で得られたのではないかと推測していただけに、どんな恰幅のいいオヤジが出てくるのかと待ち構えていたのだが、いっこうに現れない。ずいぶん時間が経ってから、ヨハネスの友だちにしか見えない気さくな店の人がそうだと聞かされた。

落ち着いて開放感のあるテラス席でランチミーティングである。

「ドリンクは?」と訊かれ、思わず「ビール、飲んでいいかな?」と誰に向かってともなく呟いた。食欲はほとんどなく、アルコールでも飲まないと食べ物が喉を通りそうにない。でも最初の打合せでいきなり酒を注文していいものかという最低レベルの常識が頭をよぎったから、「呟き」という中途半端な反応になってしまった。でも周囲の反応は意外だった。

「高野さん次第です」とＰ長井君とＤ岩木君が言うのだ。

おお、そうか! と目が覚める思い。今回の旅は俺が主役で王様なのか! なんだかテレビの大部隊に連れて行かれる末端の裏方のような気分に陥っていたけれど、私がやりたいようにやればいいのだ。それに本番の取材が「酒を飲むこと」なのだから、ここで遠慮する理由はない。

エチオピアは銘柄が何種類あるかわからないほどのビール大国で、チョイスはよりどりみどり。とりあえずエチオピア最高峰のラス・ダシャン山(四五三三メートル)にちなんだビール「ダシャン」を頼む。すると、他のスタッフも雪崩をうったように「じゃ、ぼくもビール」「私も……」と六人全員が昼から、しかも最初のミーティングでビールを飲むことになった。王様の威力は大きい。青い空をバックに乾杯。

よく見ると、店の客も飲んでいる人が多い。平日の昼間なのに。子連れの若いお母さんもふつうに一杯やっている。エチオピア人は酒に寛容らしい。

さて。またここで闇鍋的葛藤にみまわれた。

本来は誰かが仕切ってミーティングを行うべきなのだろうが、誰がやるのだろう。私は王様といっても昼飯にビールを頼むぐらいしか実権のない「裸の王様」である。かといって、P長井君はお目付役兼調整役だし、コーディネーターとガイドとフィクサーはみんな調整役だし……って、どうしてこの撮影隊には調整役が四人もいるのだろう？

もう飲み始めてしまっていてあれこれ考えるのが面倒くさくなってきた。他のスタッフのことは放置して、ガイドのヨハネスにダイレクトに訊ねた。

「コンソとデラシャのことを知っている？　村へ行ったことある？」

今回の旅の目的はデラシャ人だが、その前にデラシャの隣に住むコンソという別の民族の村も訪れることになっていた。コンソ人も毎日、食事のように酒を飲んでいるらしい。コンソの酒は「チャガ」と呼ばれ、デラシャ人の飲む「パルショータ」という酒と同じくソルガムから作るが、製法は異なる。コンソのチャガの方がずっと簡単に作れるという。また、コンソ人は飲酒の量がデラシャ人の半分にも満たず、ソルガムの団子や豆、イモ類、トウモロコシ、小麦などの固形食（ノンアルコール食品）をけっこう食べる――。

こういった情報は例の砂野さんの本に書かれている。また、一九九〇年代にコンソの村で調査研究を行った篠原徹氏の著書『ほろ酔いの村　超過密社会の不平等と平等』（京都大学学術出版会）にコンソ人の生活が詳しく描かれている。この二冊の書籍によれば、コンソ人は「ライトな酒民族」らしい。

今回、私たちは「前菜」的にコンソを訪れ、その後に「メインディッシュ」としてデラシャに滞在したいと希望を出していた。ただ現時点の具体的なことは何も知らなかったし、そもそもフィクサーやコーディネーターたちの仕事ぶりに不安を感じていたから、矢継ぎ早に質問を繰り出した。

ヨハネスは意外にも現地に詳しかった。実は彼の仕事は主に南部の観光ガイドなのだ。ナショナルジオグラフィックをはじめ、欧米の有名なメディア、ジャーナリストや写真家を連れて行くこともあるという。

よくよく考えればデラシャ人やコンソ人が住む南部のエリア（現在は「南エチオピア州」という行政区分でまとめられている）は世界的な「秘境ツーリズム」のメッカだった。女性が下の唇に直径二〇センチもの木の皿のようなものを入れているムルシ人とか、赤土で髪を赤く結っているハマル人とか、男をひたすら太らせて誰がいちばん肥えているか競う「デブコンテスト」で有名なボディ人とか、ユニークな文化習慣を持つ少数民族がひしめいている。「アフリカの奇抜な民族コンテスト」なんてものがあれば、三分の二ぐらいはこの地域から選ばれそうな勢いだ。

前にも書いたが、南部のその地域はそれらの民族の自治区とされており、外部の者が許可なく入ることは難しいらしい。彼らに会うためにはかなり高額のツアーに参加する必要があるとされる。だから一般の旅行者にはハードルが高く、もっぱらメディア関係者か富裕層の旅先となっている。ヨハネスはそういう客を案内するプロであった。

だから「コンソやデラシャを知っている？」という私の問いは愚問だった。コンソやデラシャも多少地味ながら同じ地域のユニーク民族の仲間なのだ。

ヨハネスはコンソの村へもよく行く。コンソ人は「エチオピアでいちばんの働き者」として有名だという。それからデラシャ人もよく知っている。しかし、そのヨハネスも、デラシャがほとんど酒だけで生活しているとは「今回の仕事を頼まれるまで知らなかった。驚いた」というからこちらも驚いた。ナショナルジオグラフィックを案内したこともあるガイドが知らないとは。

依然として目撃者がたった一人のUMA状態だ。本当に酒飲み民族は実在するのか？

ヨハネスは私の懸念を増幅させるような情報を伝えてきた。

彼はデラシャの役場の担当者と連絡をとって私のホームステイ先を探してもらっているがまだ見つからないという。なんでも、一度ステイ先を決めたのだが事情があってそこは行けなくなり、新しい場所を見つけているところだという。さらに彼曰く「今、（デラシャ本来の酒である）パルショータだけを飲んでいる人は二〇パーセント程度で、かなり辺鄙な村へ行かなければいけない」。

では酒主体の生活を改めたのかというとそうでもないらしい。「パルショータと（コンソの酒である）チャガを両方飲んでいるところが多い」とのこと。チャガは作るのが簡単で味も親しみやすく、南部の少数民族エリアでは最近とてもポピュラーになっているという。

「グローバリゼーションだよ」とヨハネスが言うので、吹き出してしまった。ふつう、食のグローバリゼーションと言えば、パンや米やパスタを食べるようになるものだ。なのに、（彼の情報を信じるなら）デラシャの人たちは固形の食べ物にさえ向かっていないことになる。というか、やっぱり酒である。そう指摘したらヨハネスも「たしかにそうだ」と笑っていた。ちなみに彼はパルショータを飲んだことがないという。

食のグローバリゼーションについて言えば、「アフリカの京都」ことエチオピア自体がデラシャ並みに「圏外」だ。今のランチだけでもそう思う。

大きなテーブルにインジェラが出てきたとき、私は二重の意味で息を飲んだ。素晴らしく美しい。色合い、質感、盛り付けの妙も含めてほとんどアートの域に達しており、惚れ惚れとする。と同時に、私にとっては猛毒以外の何物でもないから見ているだけで恐ろしい。

みんなでこの芸術品のような伝統料理を共にして仲良くなろうというのが本日のランチミーティングの核心のはずだが、そこに私が参加できないとは悲しすぎる。私の前には同じワットと食パンを載せた別の皿が用意された。ありがたいけど、お子様ランチを食べるような〝みそっこ感〟が半端ない。

早くもD岩木君のカメラが回りはじめ、他の人たちは本来、「主役」であるはずの私を無視して盛り上がっている。右手だけを使ってインジェラを引きちぎりソースにのせ、包んで口に入れるという作法を教わって「あー、こうするんだ」と歓声をあげたり、生のトウガラシがギチギチに詰め込まれて、現地人のヨハネスたちさえ「辛い！」と唸るピーマンを口にして「うわっ、辛い、痛い‼」と絶叫したりするのも、私ではなく、P長井君の役。

さらにこれまたエチオピアの奇習「あーん」が始まった。

日本では親が子供に、あるいはラブラブのカップルが相手の口に食べ物を運んであげる「あーん」を、ここエチオピアでは同じテーブルを囲んだ誰にでも行う。当地では「グルシャ」と呼ばれ、親しみや敬意を表す行為とされている。これも初めて見たときはびっくりしたものだ。

ヨハネスによれば、グルシャは三回くり返すとされているという。「〝3〟がエチオピア正教の聖なる数字だから」。形だけでも大切にされている感があって嬉しい。大人になると「あーん」はなかなかやってもらえない。

私はこの「あーん」も楽しみにしていたのだが、なにしろ「みそっこ」だから、参加できない。これまたP長井君やD岩木君、あるいはC北澤さんが本来私が受けるべき親しみや敬意を横取りし、「うわ〜！」と歓声をあげていた。

あれこそオレの役割なのに‼　と悔しくてならない。私は自分がテレビに出演することに全然関心がないはずなのに、他人に役をとられるとやっぱり残念なのだ。だいたい、私も「あーん」してほしかった。

ヨハネスによれば、インジェラ・アレルギーなど、エチオピア人はもちろん、外国人でも全く聞いたことがないという。「もしかしたらオレが世界第一号かな?」と訊くと、「そうかもしれないな」と笑った。

とはいえ、客観的に見てインジェラはやはりユニーク。フィクサーのオーナーとガイドのヨハネスにふだんの食生活を訊くと、「毎日インジェラ。昼と夜は必ず、朝もインジェラのことが多い」。エチオピアの国土の七五パーセントでテフがとれ、そこでは当然インジェラを毎日食べているという。フィクサーなど真面目な顔で「ぼくらはインジェラにアディクト(中毒、依存)しているんだ。ないといられない」と言う。外国に行ってもどうしようもなく食べたくなるから、どこの国でもエチオピア人は自国の人が経営する料理店に行く。エチオピア・コミュニティの中には必ずインジェラを食べられる店がある。あるいは店の周りにエチオピア・コミュニティができる。葛飾区四つ木もその好例だろう。

ビールとインジェラの後は、コーヒー。日本の京都が茶道の中心地であるように、アフリカの京都には「コーヒー道」がある。今はどうか知らないが、つい最近までエチオピアの女性はコーヒーをうまく淹れられないと嫁に行けないとされていたと聞く。一九八〇年代、エチオピアで大飢饉が発生したとき、難民や避難民の女性が着の身着のままで、でもコーヒー道のセットだけ頭に乗せて食べ物や水のある土地へ逃げたという話も聞いたことがある。日本の茶道どころではないこだわりなのだ。

私がコーヒー道に出会ったのはもう三十年近く前のことだ。そのときも驚いたが、あまりに手順が複雑でよく憶えていない。それから私はエチオピア北部のタナ湖（青ナイル川の源流でもある）を訪れたとき、コーヒーの自然林に出くわしたこともある。実をとって囓ったら甘くてびっくりしたものだ。

今回、それを久しぶりに確認した。店には鉢植えのコーヒーの木があった。熟した赤い実がなっていて、「食べていい」とフィクサーが言うので、一つ、もぎって口にした。昔、タナ湖の森で食べたときと同じように甘い。そして果実をしゃぶったあと、白い種が残る。「これがコーヒーだ」と聞いてびっくり。たしかに形状を見ると、宝貝のように真ん中に筋が入っていてコーヒー豆そのもの。コーヒー豆はマメではなくて、果物の種だったのか!! 三十年近く前に食べたときにはそれに気づかなかったのか、忘れてしまったのか。いずれにしても今さらたまげてしまう。

店ではコーヒー道コーナーが設置されており、若い女性がコーヒーを作り始めた。まず乳香を焚く。次に小さなフライパンみたいな平たい鍋にコーヒーの生の豆（種）を入れ、炭火の上で乾煎り。均一に火が通るよう、常に鍋を軽くゆする作業を、なんと延々と三十分も続ける。しだいに豆は黒ずんできて、なんとも言えない香ばしい匂いが漂ってくる。すでに最高級コーヒーを口にしているかのような気分。

焙煎が終わると、小さめの石臼に入れて小さな杵でトントン搗く。これも丁寧かつ力強く続ける。豆はだんだん小さくなり、やがて粉になる。今ではアジスアベバの一般家庭では電動のミルを使うことが多いという。

ポットにお湯を沸かし、それを別のポットに移す。どうしてそんな手間を？　という疑問は、ポットから流れるお湯が茶色いことで解ける。実は前に淹れたコーヒーの出がらしが残ったポットでお湯を沸かしていたのだ。その方が味が濃くなるかららしい。出がらしのカスが混じらないよう、改めて新しいポットに移し替えたわけだ。

今度はそこに新しいコーヒーの粉をスプーンで三杯ほど入れた。火にかける。うちわで仰ぎながら約三分。火から下ろして、また二、三分おく。それから中国茶に使うような小さい茶碗に二〇センチほどの高さから注ぐ。勢いがいいので飛沫が周りに飛ぶが気にしない。こうして空気を少し混ぜると美味しくなるのだろう。

ソーサーに茶碗をのせていただく。まず爽やかな酸味があり、次に苦みが来て、最後に奥の方からうっすらと甘みがしみてくる。薫りのよさは言うまでもなく絶品。

ふつうのコーヒーとは一味もふた味もちがう。朝はコーヒーを飲まないと目が覚めないという人は多いと思うが、ここのコーヒーは飲んでシャキッと目が覚めるような類いではない。逆に体からゆるっと力が抜けてリラックスしてしまう。

昼ビールのあとにこんなものをいただいていいのかと後ろめたくなるほどだ。おそるべし、アフリカの京都。ビールはキリスト教徒が嗜み、いっぽう、コーヒーは、かつて酒を飲まないイスラム教徒が愛好していたと言われる。後述するが、他にもひじょうに強力な嗜好品が存在する。

この国は嗜好品大国なのだ。デラシャの主食酒も、エチオピアという国自体が嗜好品好きで特定の食品に依存的であることに何か関係があるんじゃないかと思ってしまった。

翌日、私たちのチームは南へ向けて出発した。

なにしろ大人数であるし、調整役が三名もいるし（フィクサーはさすがに同行しないので一人減った）、テレビカメラは回っているしで、「裸の王様」である私の意向が反映される余地は少ない。私が希望したのは陸路で移動したいということだけである。あとは焼くなり煮るなりしてくれと開き直った。

というわけで朝五時に大型の４ＷＤを二台連ねて出発。私は一号車。運転手の横にはガイドのヨハネスが乗り、後部座席に私とＤ岩木君。

まだ外は暗く、寒い。私はＴシャツの上に羽織ったフリースのファスナーをしっかり閉じている。アジスアベバの市内を早々と出た。エチオピアはマラソンが「国技（ナショナル・スポーツ）」と呼ばれるほど盛んな国で、この首都の街中でも、早朝にトレーニングに励むランナーたちを見かけたりするが、この日は残念ながら通る道がちがうのか、アジスアベバ名物の「早朝ラン」は見ることができなかった。

コンソとデラシャという二つの酒飲み民族の住む南エチオピア州には飛行機が一日何便も飛んでいる。でも私は初めて訪れる辺境の地は極力陸路で行く主義だ。そうするとその場所なり民族なりの立ち位置が把握しやすい。もし酒を主食とする民族が実在するなら、彼らの存在がなぜここまで外部に知られていないのかも、切れ目なく陸路を移動することでヒントを得られそうな気がした。

アジスアベバの市内を出る頃にはゆっくりと夜が明けていった。

さすが急速な経済発展を遂げているらしく、道はとてもいい。五年前に政府が建てたという日本の公団のような巨大マンション群が現れ、さらに今度は日本の高速道路とよく似たハイウェイに入った。インターチェンジの入口もサービスエリアの看板もそっくりである。

この時点では日本の地方都市に匹敵する発展ぶりだ。ヨハネスに訊くと、彼がスマートフォンを使い始めたのは二〇〇九年だというから私とほぼ同時期である。でも、彼はもともと北部の貧しい村の出で、子供の頃（一九九〇年代）は裸足で羊飼いをしていたという。都市と農村の格差が大きいとはいえ、エチオピアの近代化の速度にはものすごいものがある。

ネット状態は極めて良好。グーグルマップには南エチオピア州の州都にして本日の目的地であるアルバミンチまでの経路と所要時間もばっちり表示されている。でも時速一〇〇キロで飛ばしているのに、なぜ「距離四四〇キロ　所要時間九時間」なのだろう？　時間がかかりすぎだ。その理由はあとでわかるにちがいない。

高速道路を走っていると快調だが、土地の様子があまり見えない。ようやく人々の生活が垣間見えたのはズワイという町に着いたとき。パパイヤやバナナといった熱帯のフルーツを売る市場が現れ、インド製の三輪タクシー（でも呼び名はタイ式に「トゥクトゥク」）が大量発生したコガネムシのように町中をくるくる走り回っている。ロバのひく荷車がそれに混じる。時計の高度計を見ると、標高一五〇〇メートル。高地によくあるテフの畑は見えず、もっぱら小麦かトウモロコシである。

「もう大地溝帯に入ったのか」と思った。

エチオピアは南北に大地溝帯（グレートリフトバレー）が走っている。地殻変動によって作られた、アフリカ東部から南部まで約六〇〇〇キロにわたる大地の割れ目だ。巨大な谷なので他の地域より当然標高が低い。地図を見ると、大地溝帯に沿って巨人が残した足跡のように湖が点在している。私たちはこれから大地溝帯に沿って走ることになる。

「コーヒーでも飲んで一休みしよう」とヨハネスが言う。「ＯＫ」と答える。私たちはホテルのビュッフェからパンケーキなどをもらってきて囓っていたから朝食はいらない。ちょうどコーヒーを飲みたいところだった。

ところが一軒のお洒落なカフェバーに着くとヨハネスは「オレたちは朝飯を食べてくる。三十〜四十分、リラックスしていてくれ」と言い残し、ドライバーと一緒に行ってしまった。え、どうして？　と思ったが、すぐに「自分たちは愛《いと》しのインジェラを食べるからその間コーヒーでも飲んで待っていてくれ」という意味であることに気づいた。

アフリカの京都人らしい。彼らは当たりがすごく柔らかくて一緒にいてラクだが、意思をはっきり示さないことが多い。なんでも思ったことを口にせずにいられないお隣のソマリ人と真逆だ。そして本当に彼らはインジェラ依存なんだなと感心する。南部に行くとたぶんインジェラ（あるいは「美味しいインジェラ」）にありつけなくなる可能性があるから、食べられるうちに食べておきたいのだろう。

私たちはコーヒーを頼まなかった。あれだけの作法を見ると気軽に頼めないのだ。代わりにコーラを飲む。

小一時間して、心底満ち足りた顔をしてヨハネスたちが戻ってきた。車に乗り込んで発進すると、彼はなにやら大きなバナナの葉の包みを私に差し出した。

「君へのプレゼントだ！」

開けてびっくり。中に包まれていたのはカートではないか！　カートは学名Catha edulis、ニシキギ科の常緑樹で和名はアラビアチャノキだが、ツバキ科のチャノキ（いわゆるお茶の木）とは何も関係はない。見た目が似ているだけだ。アラビア語では「カート」、ソマリ人やエチオピア人は「チャット」と呼ぶことが多い。私はこの植物と初めてイエメンで遭遇しているのでアラビア語での呼称「カート」を使っている。

カートの葉っぱを食べると楽しくて酔っ払ったような感覚が得られる。でも酒のように酩酊せず、意識はむしろはっきりするから私は「覚醒植物」と名づけている。

カートはもともとイエメン人、ソマリ人、エチオピアのオロモ人ムスリムなど、酒を飲まないイスラム教徒の嗜好品であるが、最近はエチオピア全土に広まっていると聞いていた。私はソマリランドやソマリアなどソマリ人エリアの取材の際、ほぼ毎日彼らと一緒にカートを噛んでいた。酒と同じくらい好きである。

昨日のランチミーティングで私はヨハネスに「南部にカートはある？」と訊いたところ、「ああ、あるよ。君に見せてあげるよ」と軽く微笑んでいた。それをちゃんと憶えていて、サプライズのプレゼントにしてくれたわけだ。京都人らしい雅《みやび》な気づかいだ。

大きな葉っぱの包みを開くと、別の葉っぱがぎっしり詰まっていて、初めて見るD岩木君は「何これ？　え、これ、食べるんですか!?」と仰天していたが、中のカートはソマリランドで「チャビス」と呼ばれる上物であった。枝の根元が赤い。味がよくて、効き目も強い。ちなみに、ソマリランドはカートをもっぱらエチオピアから輸入している。

早速食べてみる。懐かしい渋み。ソマリランドの友人たちの顔が浮かぶ。

D岩木君も味見したところ、一口で「うわっ、しぶっ！」と叫んだ。日本人はたいていカートを苦手とする。ただの葉っぱだから無理もないが。

「チャット（カート）の食べ方を教えてあげよう」とヨハネスが私に言う。よりにもよって熱烈なカート愛好者である私に食べ方を教えるとは釈迦に説法だと思ったのだが、実際にはたしかに役に立った。彼は丁寧にカートの束をバナナの葉に包み直し、さらにビニール袋をかぶせた。食べるときは下から一本ずつ枝を抜き、口に入れる。なるほど、こうすれば葉が乾燥しない。パサパサになるとまずくなるのだ。ソマリ人も乾燥対策はするが、ビニール袋をざっくりとかぶせるだけ。それに比べ、京の人は本当に丁寧できめ細かい。

食べ方もソマリ人のようにバリバリ嚙って呑み込んだりせず、口の中にためて葉の汁（エキス）だけを吸う。「この方が早く効く」という。イエメン人に似たスタイルだ。

チャットは覚醒作用があるので、夜警や長距離のドライバーが好む。だからドライバーの彼はやらないの？　と私が訊くと、ヨハネスは「彼はやらない。なぜなら、チャットをやると車が走らず、空を飛んでしまうからだ！　ハッハッハ！」と笑った。もうすっかりハイになっているようだ。

こういう状態をソマリ人は「メルカン」と言うが、ヨハネスも同じように「メルカン」と呼んでいた。エチオピア人とソマリ人は正反対の気質でライバル同士だが、いろいろと文化を共有しているのである。

いっぽう、私は七年ぶりのせいか、カート特有の、視界が地平線までパキッと広がるような覚醒感は来なかった。ただ、すごく元気なままだった。この日はD岩木君が朝から途切れなくずーっとカメラを回しながら私にインタビューし続けていたので、このカートによるエネルギー補給には助けられた。ずっと元気に話し続けることができたのである。

3　オールド・エチオピアの世界

首都から辺境の陸路移動にはタイムトラベルをするような面白みがある。現在から過去への旅を追体験できるのだ。エチオピア南部への旅もやはりそうだった。

ズワイの町を出てしばらくすると、アルバミンチへの所要時間がなぜこんなに長いのかがわかった。

まず高速道路が唐突に終了した。代わりに片側一車線の舗装道路がゆるやかに続く丘をうねうねと走る。車の速度がガクンと落ちた。視界からはロバ車（ロバがひく荷車）とヤギの姿が絶えない。「エチオピアには人間と同じ一億二千万の家畜がいる」とヨハネスが言う。この風景は私が初めてこの国に来た三十年前と全く変わらない。

ようやく本日の行程の半分であるシャシュマネという町に到着。ここでは所要時間をかせぐもう一つの原因にぶち当たる。町が巨大でむちゃくちゃ混んでいるのだ。前のズワイもそうだったが、このシャシュマネはインドのコルカタやバングラデシュのダッカ並みに町が混み合っている。人、車、トゥクトゥク、そしてロバ車の多いこと。

シャシュマネを通過するだけで一時間近くもかかってしまった。ホッとしかけたのも束の間、ここから急に道が悪くなった。路面に巨大な穴がぼこぼこ開いていたり、通行止めになっていて、脇に作られた迂回路を通ったり。典型的なアフリカの辺境である。そしてオールド・エチオピアの風景だ。

理由は地図を見ると一目瞭然。シャシュマネまではアジスアベバからケニアへ続く国際的な街道だったのだが、私たちはシャシュマネで右折して、主に地元人向けの道に入ったのだ。

道路状況が悪いうえ、ヤギやロバがしばしば道をふさぐので、それを待たなければいけない。イラクやソマリランドでもそうだが、ここでも家畜を路上でひき殺すと、車の持ち主ではなくドライバーが弁償しなければいけない。だからドライバーはすごく慎重に運転する。

そう言うと、「そんな交通ルールは初めて聞きましたよ!」とD岩木君は驚く。アジア・アフリカをよく知らない彼は何を見ても新鮮に思えて羨ましい……。なんて旅のベテランぶった感想を抱く私も、実を言えばオールド・エチオピアのオリジナリティぶりには驚きっぱなしだった。

付近にはおとぎ話に出てきそうな三角(円錐形)の屋根に丸い壁の家が、キノコがにょきにょき生えるように、草原の土地に立っていた。屋根の上にはかわいらしい飾りがつけられている。住人はアラーバーという民族とのこと。

道が悪くなると同時に私たちはいわゆる南部の少数民族のエリアに入っていた。私はもっといろんな民族が入り交じって暮らしているのかと思っていたが、そうではなく、それぞれの民族がかなりはっきりしたテリトリーをもっていた。例えばこのアラーバー人のエリアに入ると、車窓から見えるのは三十分以上、アラーバー人の家ばかりだ。

「こういう丸い家はもう他のアフリカでは見られないよ」と私が感嘆するとD岩木君が「え、そうなんですか？」とこちらにカメラを向ける。

「うん、めったにない」と答え、訊かれるままに理由も説明する。それもまた私の仕事なのだ。もともと、アフリカ諸国では円形の家が主流だったはずだが、今はほとんど見ない。あったとしても、住居ではなく食料保存庫だ。実際には円形の家は建築的に優れていると思う。少ない表面積で大きな体積を作ることができる。つまり材料と手間も少なくて済む。建物としての強度も高い。

でも廃れてしまったのは、欧米の文明が入ってきたせいだ。アフリカの伝統は何もかも遅れているように見られるため、少しでもお金が得られるとアフリカの人たちも四角い家を建てようとする。家が四角いこと自体が近代化の証なのだ。

もう一つの理由は家具。ベッドにしてもタンスやテーブルにしても、ヨーロッパ式の家具は四角い。四角いものを丸い家に置くのは合理的でない。だから三角屋根に円形の壁の家は廃れてしまったのだろう。でもエチオピアの地方はいまだ丸い家がふつうに残っている——。

といったことをしたり顔で話してしまった。

D岩木君はこの日、一日中、私に質問し続けていたが、たしかにエチオピアには話題がいくらでもあった。この国にしかないものや、この国にしか見られない状況があまりに多い。

例えばロバ車。アフリカ各地で見られるにしても、エチオピアほど主力の交通機関になっているところはないんじゃないか。御者が荷車に立って乗るのがエチオピア独自のスタイル。他では立ち乗りなんて見たことがない。家族らしき人たちが市場へものを売り買いに行くのにも使われていた。マイカーならぬマイロバカーなのだろう。

アラーバーの男性は大人も子供もとんがり帽子のような（でも先端は平らな）面白い帽子をかぶっている。すでに朝の近代的な風景が幻想世界のようだ。

小用を足すために車を止めて降りると、子供たちがワーッと集まってきて、「エスクリプト！（ボールペン）」と叫んで手を出す。びっくりしてしまった。地元の子供にボールペンをねだられたなんて三十年ぶりぐらいだ。今どき筆記用具をほしがる子供はアフリカでもそうそういない。

オモ川の泥の流れを渡ると、なぜか急に道がよくなった。

民族も移り変わる。アラーバー人の町アラーバー・クリトを通過したら、今度はワライタという民族のテリトリーに入った。

標高は一二〇〇～一五〇〇メートルと低いのだが、小さい山と谷が複雑に入り組み、アジスアベバ周辺のような二〇〇〇メートル超えの高地よりも「山岳地帯」の趣があり、辺境感が高まる。おそらくこの辺りが「秘境エリア」として残されたのも、この地形が一つの理由なのだろう。

午後三時ごろ、ワライタ人の町ソードーに到着した。こんもりした広葉樹や椰子の木が多く、こぢんまりした丘の町はミャンマーの少数民族地帯を思い起こさせる。

エチオピアの名物である新鮮な牛の生肉や炭火焼きを堪能し、ビールを飲んでから車で再出発。標高は一二〇〇メートルほどに下がり、左手（西側）にアバヤ湖という赤い湖を見ながら走る。右は険しい山々。この辺はガモという人たちのエリア。広大なバナナ畑が広がる。南部随一のバナナ産地らしい。

アルバミンチに近づくと、二、三百人ほどのカラフルな装いをした人たちの行列に出くわした。「お葬式だ。きっと有名な人が亡くなったにちがいない」とヨハネス。どうしてわかるかというと、衣装を見て、正教とプロテスタントとムスリムの三グループがいたから。ふつうは、同じ宗教のコミュニティでお葬式をする。でもこの葬儀は全グループが参加しているのだから、すごい有名人にちがいないというのだ。

「きっと有名な長距離ランナーだ。アベベとかハイレ・ゲブレセラシェとか」と彼はジョークを飛ばした。アベベ・ビキラは一九六四年東京五輪の男子マラソン優勝者。ハイレ・ゲブレセラシェはマラソンの世界記録を何度も更新し「皇帝」と称された。

前述のようにエチオピアはマラソンが国技である。エチオピアン・ドリームもマラソンだ。ハイレ・ゲブレセラシェなどは現役時代に莫大な賞金を稼ぎ、引退後はこの国でも屈指の財閥を築いているという。

アルバミンチの町は大学も擁する大都市だった。ファッショナブルな装いをした女子学生らしき若者も歩いているいっぽう、牛や農家の人たちが畑から家に帰るラッシュアワーでもあって、道路は自動車と牛とロバ車で大混雑。今まで分断されているように見えたモダン・エチオピアとオールド・エチオピアが混在している。

モダン・エチオピアの極めつけは私たちの宿。田舎の木賃宿みたいなものを想像していたら大間違いで、超高級リゾートホテルだった。アバヤ湖と周囲の広大なジャングルを一望に見渡す絶景の宿。なんとゲブレセラシェ・グループの経営だった。

首都から約八時間の道のりで、私がつくづく感じ入ったのはエチオピアという国の特殊性だった。「エチオピア好きはアフリカ好きではない」という話がある。研究者にしても援助関係者にしても、ケニアやコンゴが好きなら他のアフリカ諸国にも興味があるし、アフリカ全体が好きであることがふつうなのに、エチオピア好きは他のアフリカにさして興味がないと言われる。あたかもエチオピア好きが「偏狭な性格」みたいに聞こえるが、エチオピアを旅していると無理もないと思ってしまう。他のアフリカとあまりにちがうからだ。

京都に夢中になって他の日本に興味を持たなくなってしまう外国人がいると聞いたことがある(日本人でもそういう人はいる)。京都だけでも見所がキリもなくあるし、京都を見たあとで日本の他地域を見ても薄味に感じてしまうらしい。それと同じことかもしれない。いや、もっとか。アフリカの京都は日本の京都より何倍も独自性が高い。アムハラ人など中心的な民族だけでも本当の意味での「グローバリゼーション」から離れた独自路線を驀進しているのに、南部に来ると、いくつもの少数民族がおり、それぞれがさらに独自路線を歩んでいるのである。

酒を主食にする民族が実在してもおかしくない。そしてそんな奇妙な民族がさして目立つことなく存在していてもやっぱり不思議じゃないと思ってしまったのだった。

第3章

不思議の国のコンソ

1　秘境テレビ番組の舞台裏と裸の王様の苦悩

「こんな方法でちゃんと番組が作れるんだろうか？」

今更ながらそう思ったのは、アジスアベバからの長距離移動の翌日である。

私たち「裸の王様」の一行は例によって二台の大型4WD車を連ねて、早朝に南エチオピア州の州都アルバミンチを発ち、コンソ人の住むコンソ特別自治区目指してまっすぐ街道を南下した（以下、これを「アルバミンチ街道」と呼ぶことにする）。

砂埃が舞う。左手にチャモ湖が見え、右手には山や丘が連なる。この辺りはセゲン渓谷平野と呼ばれるらしい。

砂野さんの本によれば、私たちの本命であるデラシャの人たちは一人あたり一日平均約五リットルの酒を飲むのに対し、コンソの人たちは平均約二リットルだという。コンソ人の酒量はデラシャ人の半分以下である。でも、コンソ人も食事の重要な一部として酒を飲んでいるらしいし、「マイルドな酒民族」とは言えそうだ。そして、ガイドのヨハネスによれば、彼らの飲むチャガは今やこのエチオピア南部を席巻し、「グローバリゼーション」（！）を引き起こしているという。

ということで、あくまで「メインディッシュ」のデラシャの前に「前菜」のコンソを訪問しようと王様である私は気軽に考えていたわけだ。しかし、大方の王様というのは浅はかなもので、私も例外でなかった。というより、「君臨すれども統治せず」を地で行く私は、ロケ現場について何の力も持っていない。「なるべく伝統的な暮らしが残っている村に滞在したい」「私たちはツーリストではなく、コンソの人たちのリアルな生活を体験したい」とリクエストしただけである。

それもこれも、コンソの人たちがどのように酒を飲んでいるのか知りたかったからだ。エチオピア化されて「今は主にインジェラを食べている」という村へ行ってもしかたないし、「ようこそ！」と大歓迎を受けてお祭り騒ぎになったり、特別な酒（フランスのワインとかスコッチとか）を出されたりしても困るではないか。コンソ特別自治区の人口は二〇〇七年に実施された国勢調査で約二十四万人、ガイドのヨハネスによれば「今は三十五万人ぐらいいる」とのこと。けっこう大きな民族であり、地域や村などによって差もありそうだ。その辺に十分注意を払う必要があると私は思っていたし、スタッフにもそう伝えていた。だがしかし。

「ははっ！」と家臣たちは私の意を汲んで動いてくれている……かどうかは全く定かでなかった。私が裸の王様であるばかりか、日本人のスタッフが誰一人、ロケ先の村に入ってないのだ。こんなことは異例だ。

日本のテレビでは昔から今に至るまで数々の「秘境モノ」の番組が放映されており、私も若い頃、何度か参加したことがあるのだが、ドキュメンタリーにしてもバラエティにしても、まずディレクターもしくはその代わりとなる日本人のリサーチャーかコーディネーターが現場に入り、「ロケハン（ロケーション・ハンティングの略）」という名のリサーチを行うのがふつうだ。

例えば、私は学生時代に「ＮＨＫスペシャル」の依頼を受け、一人でザイール（現コンゴ民主共和国）のジャングルに住む狩猟採集民ムブティのロケハンを行ったことがある。ムブティの人たちは数十人単位でグループを作り、移動しながら暮らしていた。といっても、移動のルートは決まっていて、定期的に戻ってくるキャンプもあれば、グループによってはすでに定住している人たちもいた。私は一カ月ぐらいかけて、いくつかの定住・半定住キャンプを車と徒歩で回って調査した。どのキャンプの人がより伝統的な生活をしているか、狩猟のスタイルはどうか、それぞれのキャンプではどんな映像が撮れそうか、移動のルートや距離はどれくらいなのか、人たちの人柄や気質はどうか、定期もしくは定住キャンプは道路からどれくらい離れているかなどなど。

異文化を取材したいわけだから、なるべく伝統的なムブティらしい生活をしている人たちが好ましいが、かといって、テレビのクルーを受け入れてくれる余地のある人たちでないといけない。だいたい、キャンプを最低でも三つ以上見ないとムブティという民族の特徴自体がよくわからない。実際「伝統的な」とか「ムブティらしい」などと言っても、キャンプ（集団）によって服装や持ち物、狩りの手法などがちがうので、一概に言えない。

でもまあ、いくつか見ていくとなんとなく「あ、この人たちはわりと伝統的なムブティらしい生活をしている」と思われる人たちに出くわす。でもそういう人たちのキャンプがベストとはかぎらない。彼らは道路や町から離れたところに暮らしていることが多い。あまりにアクセスが悪いと、物資の補給（特に電源。発電機を使用するならガソリンの補給）やトラブルが生じたときなどに支障が出る。ロケのスタッフ全員が長い距離を歩けるわけでもない。

そういうことを調べて帰国後はそれらについて詳細なレポートを書いた。ついでに交通費や人件費の見積もりを作り、ザイールの情報省の局長と交渉し取材許可の内諾も得た（結果的には諸事情でこの企画はボツになったので本番はなかった）。

バラエティ番組はこれほど入念なロケハンはしないかもしれないが、逆にレポーター（タレント）を連れて行くので彼らが怪我や病気にかかったり不快な思いをしたりしないよう配慮しなければならない。例えば、タレントが虫に刺されて顔や手足が赤い湿疹だらけになったらオンエアの際に問題になるし、タレントの所属事務所からクレームがつくだろう。やはり日本人スタッフによる事前リサーチは必須だ。

どんな絵が撮れるのか、クルーはどこにどのように泊まって生活するか、もしクイズ番組ならどんなクイズのネタがあるのか候補を挙げておく。当該国の政府や地元の役所に撮影許可をとり、現地の有力者や仕切り役と金銭を含めた交渉も大まかには済ませておく。そして本番前にはロケハン報告をもとに番組のプロデューサーとディレクターがコーディネーターを交えて本番の予定を細かく決めておく。

番組ではレポーターが「これから◎◎民族の××村へ行きます!」と言って、おそるおそる入っていくから視聴者はあたかもこれから初めてロケ隊が村に入るかのような錯覚をするだろうが、実はすべて段取りは決められていて、大まかな台本まである。学校の文化祭や大臣の視察のような一種のイベントだ。そうでないと、限られた時間で視聴者が満足するような「面白い」映像は撮れない。

なのに、今回の我々の取材では、日本人のスタッフが誰ひとり村へ入っていない。セッティングしているのはエチオピアの人たちだけで、彼らが私たちの意向をどれだけ理解しているのか甚だ怪しい。だいたい、ガイドのヨハネスですら現場(コンソとデラシャ)の現地コーディネーターと面識がないという。

コンソの村がどういう場所なのか、どんなものが撮影できるのかもわからない。滞在する村は「マチャロ」という名前の村だと前日に知らされたが、三十以上あると言われるコンソの村の中からどうしてその村が選ばれたのかわからない。その村は果たしてコンソの村としてどの程度「伝統的」なのだろうか。そもそもコンソの「伝統的」とは何なのだろうか。私とD岩木君以外のスタッフがテントに泊まるという設定も不明なままだ。

しかも滞在はたったの二泊三日。今日の昼前に村へ入り、明後日の朝には村を出る。つまり、正味四十八時間、これは飛行機のトランジットや鉄道旅の途中下車レベルだろう。ステイ先の村や家がちゃんとアレンジされていなかったら、揉めたり新しい場所を探したりしているうちに時間が過ぎてしまう。

もし、私がふつうの秘境バラエティのレポーターなら何も心配する必要はない。用意された現場へ行って、台本に沿って喋ったり動いたりすればいい。

でも私はレポーターでありつつ「王様」でもある。スタッフはみんな、私の後についてくる。しかも日本人スタッフは辺境の経験が乏しい。エチオピア人スタッフは日本人と一緒に仕事をした経験がなく、私の要望を伝言ゲームのように聞いているだけだ。誰一人、全体を把握している人はいない。結局、立場と経験値を加味すると、私がリーダーシップを発揮しなければいけない仕儀になっている。ノーギャラなのに。しかるにその王様は家臣たちがどのように準備しているのかわからない……。

れっきとした秘境モノのテレビ番組でありつつ、レポーターの判断に半分頼るというクレイジージャーニー独特の構成が、ただでさえ段取りや時間制限や団体行動を苦手とする私を激しく困惑させていた。

無限ループに思考が陥っているうちにコンソ自治区の中心地カラティの町に到着した。コンクリートの箱形の建物やトタン屋根の民家が建ち並ぶ、どこといって特徴のない田舎町だが、意外に大きい。カラティの標高は一三〇〇メートル。まだ午前中だから暑いほどではないものの、直射日光は強い。

心配の種は尽きなかったが、あれこれ考えて迷走するのはよくない。私は自分に「とにかくコンソのチャガに集中しよう」と言い聞かせた。D岩木君ら日本人スタッフにも「大事なのはチャガだってことを忘れないように」と念を押した。

ヨハネスの指示でコンソ自治区が運営する「ツーリスト・オフィス」なる施設に立ち寄った。黄色いTシャツを着て、頭に青・赤・白の派手な布を巻き、同じトリコロールのハーフパンツというコスプレのような格好をした中年男性が現れ、後ろの車に乗り込んだ。顎髭には白髪が混じり、片方の足をひきずっているところを見ると高齢のようだが、体はがっしりとしており、肌つやもよく、実際は四十代ぐらいか。目は強い光を放っていた。彼はチュチュと名乗った。

最初いったい何者？　と思ったが、彼のTシャツに大きく「ツーリズム」と書かれてあったので、観光ガイドであるのは間違いない。え、観光？　と眉をひそめた。「できるだけふつうの生活を体験したい」と要望を出していたのに案内人が「私は観光ガイドです」という衣装を着ているのはおかしい。意図が全く通じていなかったのか。

「なるべく伝統文化が残っている村に行きたい」とリクエストしていたにもかかわらず、町から車で十分ぐらい走った丘の中腹で、「ここだ」と言われた。コンソは村が三十以上あるというのに、こんな町の近く、しかも車道に面しているところで？　やっぱり単なるツーリストと間違えられているんじゃないか？

さらに驚くべき光景が目に映った。大きな鉄の門で仕切られた敷地に行政のものらしきコンクリート造りの建物が立っていて、その脇に私の「テント」概念を破壊するようなゴージャスなテントが並んでいた。形式はテントだが、ベッド付きのシングルルームだ（あとで知ったが電源のコンセントもある）。

これか「テント」というのは!! てっきり野営だと思っていた私が馬鹿だった。奥には簡易トイレとシャワールーム、手前には冷蔵庫。建物の軒下には電源用の発電機が回っている。テラスのテーブルには白いテーブルクロスがかけられ、ワイングラスが並び、豪華な洋食ランチの準備が進められていた。全てアジスアベバから専用のトラックで運んできたという。

――ありえねえ……。

気が遠くなりそうだった。裕福な西洋人は秘境冒険ツアーが大好きだと聞いている。しかもふだんの自分たちの生活水準を保ったまま秘境を冒険したいらしい。ブータンのトレッキングやケニアのサファリパークなどでも、まるで移動式の高級ホテルのような宿泊施設と専属料理人を備えた豪華ツアーがあると聞いたことはあれど、実際に見たことはなく、「そんな植民地時代の名残みたいなもんがあるのか」と漠然と思っていただけだ。まさか自分の身にそんな恐ろしいものが降りかかってくるとは。

もちろん私とD岩木君はここには泊まらないが、P長井君やC北澤さんはここに宿泊することになっているという。呆然としていると、ガイドのヨハネスが「タカノ、さあランチを食べよう！」と陽気に手招きする。コックなどスタッフも礼儀正しく挨拶してくる。

後から思えば、ツーリストではなくても、西洋人の写真家やテレビ番組のクルーは、村の中には泊まったりせず、食事もこのような「キャンプサイト」で行うのかもしれない。というか、おそらくそうなのだろう。しかし、残念ながらこれは「私の常識」とはかけ離れていた。

私はいつも一人か二人で村に行く。自分で行き先の村を見つけるし（たいていは偶然の出会い）、お世話になる家も自分で決める（もしくは招かれる）。村の人たちと一緒に生活し、目立たないように気をつける。今回はもちろんテレビのロケだから事情は全く異なるものの、極力いつものスタイルに近づけたいと思っていたし、P長井君を通してコーディネート会社にも強く要望していた。

エチオピアのコーディネーターは馬鹿じゃないか⁉︎　と頭に血が上ってしまった。彼らからすれば、いかに気まぐれな王様とはいえ、本当に少数民族の村の家に泊まって食事も全部そちらで済ますとは夢にも思わなかったのだろうが、このとき浅はかな王様である私は苛立ちと焦りしか感じなかった。

コンソにはたった三日しか滞在できないのである。一刻も早く村に入りたい。というより、まずこの村でいいのかどうか見たい。あまりに観光地化していたら別の村に移る必要がある。さもなくば取材もできなければ、面白い番組も作れない。

そういったことを強い口調で説明すると、今度は彼らの方が啞然として顔を見合わせた。それを無視して現地ガイドのチュチュについて村へ向かった。マチャロ村といい、チュチュの出身の村とのことだ。

検分してやろうという上から目線の気持ちはしかし、村の入口で吹っ飛んだ。想像もしなかった世界が広がっていたからだ。

2 異形の村

村の入口はおどろおどろしかった。

黒い尖った岩の塊がびっしりと積み重ねられた石垣と高い木の門柱が尋常でない威圧感だ。一歩中に入ると、人が一人か二人やっと通れるような細い通路が、ギザギザした黒い石積みの間をうねうねジグザグと続いている。

「なんだ、こりゃ!?」と私たち日本人のスタッフは全員驚愕した。「敵から守るため」と現地ガイドのチュチュは当たり前のように言う。通路は下も石もしくは岩。ここは玄武岩質の土地であると本に書かれていたが、これほど岩石がむき出しになっていて、村の人に積極的に利用されているとは思わなかった。まるで石の間から生えてきたかのように、長くてねじれた木の棒がぐねぐねと突き出ていて、石積みを越えられないようになっている。

通路は左右にうねるのみならず、アップダウンも激しく、ふつうに歩くにも注意を要する。石(岩)は尖っているので、よろけて腕や背中があたっただけで怪我をしそうだ。片側は村の家、もう片側の石積みの上からは青い空と遠くの山並みが見える。

まるで要塞。ここでようやく私はここが「コンソの文化的景観」として世界遺産に登録されていることを思い出した。私は世界遺産とか絶景といったものに一切関心がないし、写真や動画でコンソの村の様子を見たことはあるものの、「へえ、すごいな」と軽く思った程度であった。後でD岩木君も「事前に見た動画ではこんなにインパクトを受けなかったです」と言っていた。

動画にはコンソの威圧感や圧迫感が映らないらしい。わからないでもない。コンソの村は巨大な生命体みたいなのだ。全ての存在物に「意図」がある。それでいて、人工物に特有の規則的な直線や曲線はなく、木も岩も自然の状態を極力保っている。謎の巨大生物に呑み込まれたような怖さをおぼえる。あえて喩えるなら、人間が小魚ぐらいの大きさになり、イソギンチャクの合間に呑み込まれたような感じというか。

石の合間にはこれまた狭くてものものしい家の入口がある。通路にも家の周りにも無駄なスペースは一切ない。家は三角屋根に丸い壁だが、これまで見てきたものとはちがう。巨大なシイタケを二枚重ねたような屋根の上に土器の壺が逆さにかぶせられている。シイタケは今にももこもこと動き出しそうな生き物感を漂わせていた。英語のガイドブックに「コンソのマッシュルームハウス」と書かれていたのを思い出した。

ファンタジーの世界かジブリの映画に紛れ込んでしまったかのようだ。

しばらく歩くと、やっと少し広い場所に出た。二人の年輩の男性が見晴らしのよい木陰で、「マンコラ」というゲームに興じていた。長い板に空いた穴に玉（何かの種）を交互に移していく。

囲碁や将棋的なものだろう。二人は私たちの登場にも無関心。中国の伝説に出てくる、桃源郷で碁を打つ仙人のよう。

いっぽう、広場の奥には伊勢神宮をも連想させる丸い大きな藁葺き屋根と高床式の家屋が建っていた。この存在感も尋常でない。チュチュによれば、「これはコミュニティハウスで、かつて若者はみんなここに寝泊まりして敵の来襲に備えていた」という。

中に入ってみる。階段はなく、真ん中の太くてまっすぐな木の柱をよじ登る。床は丸太がむきだしで寝そべってみると寝心地はよくなかったが頑丈そうだ。下から見上げると屋根の造りも緊密。チュチュによれば、屋根の藁は平野に生えている草で四十〜五十年に一度葺き替えるが、建物に使う材はシロアリにやられない強い木だから建て直す必要はないとのこと。外に出たとき、「(建物に使う木は)そこにも生えている」とチュチュが指さすのを見ればヒノキだった。おお、ヒノキ!! まさか、こんなところで再会するとは。まっすぐで丈夫なわけだ。

この建物はどのくらい古いのか訊くと、「この家の歴史は村の歴史だ。村の歴史はポールの数でわかる」と謎めいた回答。

話を聞いてもわからないので、「ポール」の場所に向かった。といっても村の中を歩くことが難儀で、時間もかかる。ポールは別のコミュニティハウスの脇にあった。国旗でも掲げるのによさそうな一〇メートルほどの木の棒が一〇本ほど束ねられて立っていた。

「村を建設したあと、十八年ごとに一本のポールを立てるんだ」とチュチュは説明する。コンソは九つの「氏族」（大きなファミリー）から構成され、各氏族に氏族長がいる。ポールはその氏族長の土地からもらってくる。中にはシロアリに食われて崩壊してしまったものもあるので、これが全てではないが、ポールが一〇本あるということは、この村は少なくとも百八十年の歴史があることを意味する。「だが、それはマチャロ全体ではない。この村は第二世代なんだ」と言いながら、自分の黒い手の甲に爪でぐるぐると図らしきものを書いた。

何を言っているのかよく理解できなかったが、メモ帳に図を描いてもらいながら繰り返し聞くうちにだんだんわかってきた。コンソの人たちは最初に村を作るとその周りに砦を張り巡らし、その中に家を作る。でも人口が増えるとそれ以上家を建てられない。すると、村の外側に新しい村を造って同じように砦を張り巡らせる。これが「第二世代の村（集落）」なのだ。そして（現在のマチャロ村にはないが）もしこれ以上、人が増えると、また外側に新しい円を描くように砦と集落を作る。第三世代だ。

つまりこのマチャロ村では、第一世代に何年の歴史があるかわからないが仮に二百年として、第二世代で百八十年だから、合わせて三百八十年の歴史が「記録」されているわけだ。

私がこれまで訪れたアフリカ諸国の村には目に見える形で残された歴史がなかった。口承の伝説だけである。このように村にきちんと記録が残っていることにも驚いた。

垢抜けないツーリスト・ガイドだと思っていたチュチュが今や山の賢者のように見える。彼は若い頃、エチオピア国軍の兵士として隣国エリトリアとの戦争に参加し、傷を負ったという。そのせいで今でも片足が悪いらしく、体を傾けながら、でもスタスタと歩いて行く。今度はどこへ行くのだろう？　展開が急すぎてついていけない。

——俺はもうすぐ死ぬんじゃないか……。

そんな奇妙な畏れが沸き起こる。ヒトが来てはいけない場所に来てしまったような気がするからだ。あまりに村が浮世離れしているので、すでに魂があの世に飛びかけているように感じるせいもある。

村は黒い岩やグレーの石だらけだが、鮮やかなライトグリーンの木の葉がそこかしこに見られるため暗い印象はない。「モリンガだ」とチュチュ。エチオピアのモリンガは学名Moringa stenopetala、ワサビノキ科のワサビノキという和名をもつ。アブラナ科のワサビとは無関係である。葉にはビタミン、カルシウム、タンパク質がひじょうに豊富に含まれ、近年日本でも「スーパーフード」として話題だ。インドでは葉だけでなく幹や根も薬として重宝されると聞く。チュチュは「糖尿病やマラリアにも効く」と言う。

家の敷地にはタバコの葉も栽培されているのを見かけた。それらも胃腸の薬として用いられるそうだ。

ここでは草木も自然の一部ではなく人の手でコントロールされている。あくまで役に立つ食材や薬として植えられているのだ。

岩石と木の迷路をさまようこと小一時間。一軒の家の敷地に入った。平らな敷石がきれいに敷

マチャロ村

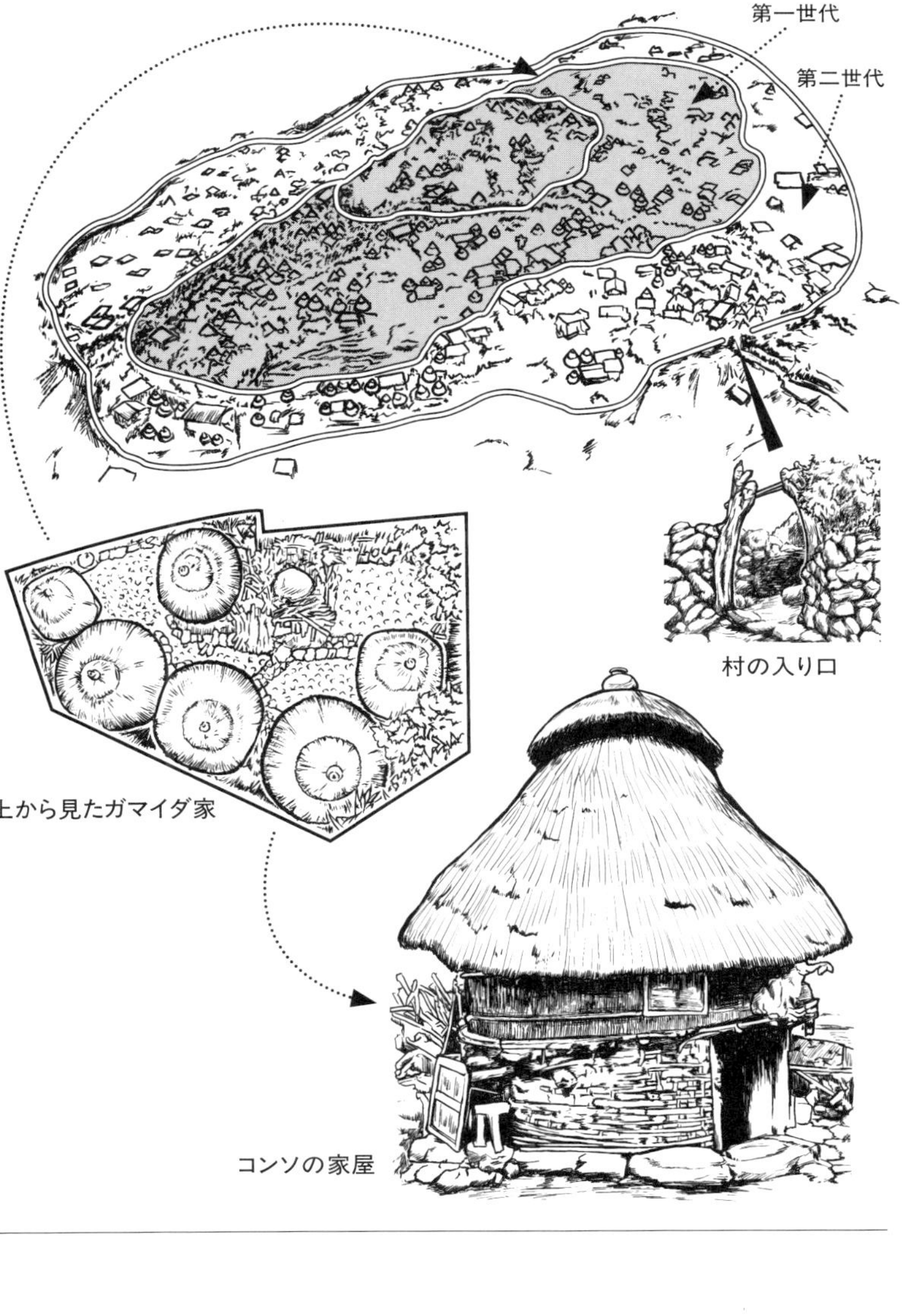

かれ、シイタケ的な家屋が六つか七つ立っている。チュチュのおじさん（父の弟）の家だという。「君たちはここに泊まる。いいか？」と訊くので「もちろん！」と答えた。

こんな不思議な村は私の長い辺境人生でも見たことがない。ここに泊まれるなんて、極めて稀なチャンスだ。もしこの村がコンソの中ではわりと近代化されていても、コンソらしさが乏しくてもいい。そんなことは全然問題ではなかった。実際、ツーリストは来ても、一時間ほど村を見て回って写真や動画を撮って帰るだけだという。

私たちは小さめのシイタケ小屋をあてがわれた。とにかく、早くあの無駄にゴージャスなキャンプから分離して、この村に溶け込む必要がある。村の「正門」から来ると寄り道をしなくても三十分かかるが、実は裏口があって、そこを経由するルートだとこの家からなんと二、三分で車道に出られた。荷物をキャンプからとってきて、「新居」に放り込んだ。

新居は小屋の下半分で半地下（上は穀物貯蔵庫になっていた）。入口は高さ約八〇センチ、幅五〇センチで、大人の男がギリギリ通れるくらい。中は三畳間ほどのスペースで、高さ一・二メートルくらい、立ち上がることもできない。どうしてこんなコンパクトをここの人は好むのか。牛の毛皮の敷物が二頭分敷かれていたが、おそらくノミとかシラミといった虫がいるだろうから、その上に用意してきた防虫シートを敷いた。寝そべると、まるで秘密基地。でも少なくとも形は村の中に入り込んだ感じがする。

「タカノ！」とチュチュが呼ぶ。「こっちに来い。チャガを飲もう」

「チャガ!!」と驚いた。コンソの村に圧倒されて、すっかり忘れていた。私たちの目的は村の構成や家の造りではない。酒を飲むことだった。あれだけ周囲に「忘れないでくれ」と頼んでいて心配もしていたのに、自分が忘れていた。

「今、行く!」と慌てて立ち上がってガンと天井に頭をぶつけた。

コンソは何もかも狭くてミニサイズなので動くには注意を要するのである。

3　酒取材最大の危機

私にとって初めてのチャガタイムである。

すでに午後二時半。家族は昼の食事をとっくに済ませているようで、私たちのためのランチのようだ。といっても、私たちは家の壁の下にある「縁石」とでも呼ぶべき石のでっぱりに腰を下ろした。ソルガムの粉を団子状にこねてモリンガの葉と一緒に煮込んだ「ダマ」（以下、「ソルガム団子」と呼ぶ）を木製の台に載せて出されただけ。ここにはダイニングは特になくていつもこんな感じらしい。

ソルガム団子はみたらし団子ほどの大きさであるが、ソバ粉で練ったかのようにぼそぼそしており、しかも半生っぽく、うっすらと塩味がするだけで、正直言ってあまり美味しいとは思えなかった。団子にからまっているモリンガの葉は鮮やかな緑色といい、くせのない柔らかい食感といいホウレン草に似ていた。でもこれまた塩気が薄すぎて美味とは言いがたい。

しかし私の関心はチャガである。コンソの酒は、上の細い部分を切ったヒョウタンの器に入れられていた。ヒョウタンには細かい抽象画のような模様が刻み込まれている。

チュチュによれば、コンソ人は一人あたり、チャガを朝一～二杯、昼一～二杯、夜三～四杯飲むという。一杯で五〇〇ミリリットルは優にありそうだから、彼の言葉を信じるなら、一日に二・五～五リットルも飲むことになる。

といっても、この場では誰がどのくらい飲むかはわかりそうにない。一人一カップではなく、回し飲みだったからだ。お母さんはヒョウタンの器をいちばん遠くに座ったお父さんに手渡した。ヒョウタンは取っ手が付いていないから受け渡しは両手で行われ、結果としてみんながひょうに丁寧に酒のやりとりをしているように見える。お父さんは一口、二口飲むと、自分が口をつけた箇所を右の親指で拭き、それを私に差し出した。

なるほど、そういう作法があるのか。両手で受け取って一口飲んでみた。D岩木君のカメラの前で思わず口から出た言葉は「ワ州のプライコーそっくり」だった。テレビの視聴者に向けたコメントなのに、誰にも理解されない形容を使うとは、私は全くもってレポーター失格だ。でも本当にそうだからしかたない。

かつてミャンマー・ワ州のワ人の村に住み込んでいたとき、しょっちゅう飲んでいた地酒がプライコーと呼ばれる酒だった。原料はアワかヒエの類いということしかわからない（当時私はケシとアヘンの調査に集中しており、他のことは眼中になかった）。

チャガは酸味が強くて薄味、アルコール度数は四、五パーセントといったところで、ワのプライコーより若干強めだし、プライコーより味自体も濃い感じだが、やっぱり私にとっては「懐かしい味」であった。ちなみにワ人は二人一組で酒を竹の杯に入れて飲むが、自分が飲んだあとに杯の口をつけた部分をやっぱり指で拭いて相手に差し出すのがマナーだった。同じだ。

「『美味しい』はコンソ語で何て言うの?」と訊くと「ミャウン」という答えだったので、「ミャウン」を連発。これが最初に覚えたコンソ語である。

私も二口ほどでD岩木君に手渡した。彼は一口飲むなり「うわっ、酸っぱい!」と顔をしかめた。その仕草がおかしくて家の人たちから笑いが起きた。D岩木君曰く、「腐ったヨーグルトが発酵したみたいな味」とのこと。そこまでひどくないだろうと思うが、彼はこういう僻地の村で飲み食いすることも初めてだから、すごいゲテモノ酒を飲まされたように錯覚するのだろう。

P長井君とC北澤さんも味見をする。彼らは「ふーん」とか「ああ、こういう感じ……」とか微妙な声をもらしていた。美味しいというわけではないが、D岩木君ほどマズいとは思っていないようだ。

あとは三人の娘たちが順番に飲んでいった。誰もが飲むがガブガブは飲まない。終わるとお父さんに杯は戻された。

飲みながら、この家の人の名前と年齢を訊いてみた。

お父さんはガマイダ(七十歳)という。白い髭を生やし、なぜかカウボーイハットをかぶっている。コンソは典型的な家父長制なので彼が家長であり、この家もガマイダ家と呼ばれる。お母さんはグレタ(五十五歳)。お父さんとお母さんの年齢は「推定」である。はっきりしたことは憶えてないそうだ。二人とも要塞の村の住人とは思えないほど、穏やかで優しい人だ。そして二人とも手足が細長く、とてもやせていた。

長女のアルマズは二十二歳。彼女は両親よりさらに背が高く、手足が細長い。モデルのような体型だ。さらに次女のガサワ（二十歳）と三女のネタネット（十三歳）が続く。

三女の子は去年つまり十二歳のときから本格的にチャガを飲み始めたという。コンソでは（デラシャもそうらしいが）子供は二～四歳で少しずつ慣れさせていき、十二、三歳で「主食」としてチャガを飲むようになるらしい。主食酒開始の時期を決めるのは親。それまで子供は「マラダ」というノンアルコールのソルガムドリンクを主に飲むとのことだ。

チャガはぐるぐる回るが、他の人たちはすでに昼の分を飲んでいるらしく、あまり飲まない。D岩木君は撮影をしているからそんなに飲めない。結局、場を保つために私がいちばん量を飲んでいた。

何度もくり返し飲むと、だんだんワ州のプライコーとのちがいがわかってきた。プライコーは大きな瓶に発酵した穀物を入れ、そこに水を注いだ後、植物の蔓で作った管を刺して酒を汲み取る。つまり、発酵した物質の上澄みだけを飲む「清酒」だ。でもチャガは濁り酒。韓国のマッコリのよう、いやもっとどろっとしている。穀物の殻のようなものが喉に引っかかる感じもある。だから、そんなにグイグイ喉を通らない。そして想像以上に胃がもたれた。

もっとゆっくり味わったり考えたりしたかったが、そんな暇はなかった。なにしろ「途中下車」の滞在である。急いで取材をせねば。

まず、チャガの作り方を見せてもらう。チャガは作るのに三日かかるというのでその初日の作業だ。長女アルマズと次女ガサワが二人でソルガムの粉をこねる。詳細はあとで書くが、時間にして十分足らずの作業である。ただし力仕事。細い女の子二人が棒のような腕でぐいぐいとこねる。チャガ作りは食事作りと同じであり、もっぱら女性の仕事とされている。男性は作らないの？　と訊くと、チュチュは「男は飲むだけ」と苦笑した。

チャガ作りが終わると、第一世代集落のポールを見に行くことにした。それを見れば、この村全体の「年齢」がわかるはずだからだ。

でもこの頃、私には巨大な試練が忍び寄っていた。歩き出すと、息切れがひどい。酒に酔っているせいもあるがどうもそれだけではない。胃がむかむかする。それもだんだん悪化していく……。

第一世代の中心部は遠かった。石だらけのうねうねした道が悪夢のように続く。さらに小学生や幼稚園ぐらいの子供たちがどんどん集まってきた。

「What is your full name?（あなたのフルネームは何て言うの？）」と英語で口々に訊ねる。なぜか「名前は何？」ではなく「フルネームは何？」。おそらく学校で先生がそう教えているんじゃないかと思うが、何十人もの子供が口々に「あなたのフルネームは何!?」と大声で問いただしてくるので、つるし上げを食らっているみたいだ。

足の悪いチュチュがときどき休みを入れると、四方から子供たちが押し寄せ、猿の大群に取り囲まれたよう。「フルネームは何？」の声に耳がおかしくなってくる。私たちを手で触ったり、カメラをつかんだりする子もいる。私たちがカメラやスマホを向けると、「ギャー!!」という悲鳴をあげて逃げ、石畳を裸足で転がるように走る。中には本当につまずいて石段を体ごと転がっていく子もいる。

「君たちが珍しいんだ」とチュチュが言う。「前はときどきツーリストが来ていたが、コロナになってからは全く来ていない。それにデラシャとの戦争もあった。だからこの子たちは外国人をよく知らないんだ」

え、戦争？　本格酒飲み民族のデラシャと？

もっと話を聞きたかったが、子供がうるさくて声が聞こえない。私も気分が悪い。

やっと第一世代集落の中心部に着いた。ポールを数えてみる。朽ちかけているものも多くはっきりわからないが約十本。でもチュチュは「シロアリに食われてなくなったものもあるから、実際には二十本以上のはず」と言う。それが本当なら第一集落で三百六十年、第二集落で百八十年、合わせて五百四十年ということになる。もしチュチュの思い違いであったとしても、合計二十本で三百六十年は経過している。いずれにしても古い村である。

帰り道も同じように甲高い「フルネームは何？」の合唱に包まれ、サイケデリックとも言えるうねうねした石組みと木の柵の迷路を上り下りしていくと、だんだん現実感を失っていき、胃のむかつきも伴って、まるで幻覚ドラッグでバッドトリップを起こしているような気分に陥った。

ガマイダ家に帰り着いたときにはグロッキー状態。しかも胃のむかつきは限界近くに達していた。自分たちの小部屋で横たわっても吐き気がおさまらない。吐きたいが、一度吐き始めたら終わりのような気がして必死に耐える。

——マジか……。

額や背中に冷や汗が流れたのは嘔吐感があるせいだけではない。今の状態があのインジェラ・アレルギーのときとそっくりだったからだ。もしあれがここで再発したら番組がボツになってしまうかもしれない。

どう見ても今回のロケには数百万円もしくは一千万円以上かかっている。個人で来ていれば具合が悪くて一週間寝ていても別にどうということはないし、いったん町へ出て病院へ行くこともできるが、なにしろ日程がきっちり決まったこの大部隊ではどうにもならない。あの豪華なキャンプサイトの維持費だって私の働きにかかっているのだ。ノーギャラなのに……。

身もだえしているうちに、そうだ！　と思いついた。前回のインジェラ・アレルギーのときも胃にガスがたまっていて吐き気を増幅させていたのだ。何かシュワシュワしたものを飲んでゲップが出たら少しよくなるかもしれない。チャガもシュワシュワしているけれど、到底無理だ。チャガのことを思い出すだけで胃の内容物がこみあげてくる。他に何かないか……。

「ビールだ！」

キャンプサイトには冷蔵庫があった。当然冷えたビールもあるはずだ。C北澤さんに電話で頼むとすぐにビールを四本持ってきてくれた。あれだけ忌み嫌っていた富裕なツーリスト的手段に頼るとは情けないかぎりだが、こちらも巨大な責任を背負っているのでやむを得ないじゃないか、許してほしい……と誰に対してかわからないが、心の中で弁解した。

外には家の人たちがたむろしていた。チュチュとお母さんはどこかに行っていていなかったので、私はD岩木君とガマイダ父さん、それに長女のアルマズにもビールを一本ずつ渡した。なぜかチャガ民族と瓶ビールの飲み会開始だ。

冷えたビールは信じられないほど美味かった。ゲップが出るし、胃のむかつきが少しずつおさまってきた。お父さんとアルマズにビールはどうかと訊くと、「アガタ・ミャウン（すごく美味しい）」と笑った。チャガドリンカーにとってもビールは美味しいようだ。

——ああ、助かった……。

内心、大きく吐息をついた。

たぶん他の人たちは気づいていなかったと思うが、自分にとっては、救急搬送以上の危機だった。もしここで吐き始めたら二度とここの地酒が喉を通らなかったかもしれない。

酒取材の危機を救ってくれたのは私がこれまでの人生で最も親しんできたビールだった。やっぱり酒は私の味方だ。

ビールを飲みながら、アルマズを相手にコンソ語を習う。アルマズはほんの少しながら英語ができるし、とても賢くて勘もいいから、私の意図することをすぐに察してあれこれ教えてくれる。私は習った言葉をすぐに目の前のお父さんやお母さんに使うが、ときどき理解してもらえない。そのときもアルマズがよく聞いていて、私の発音や言い回しを直してくれたりする。彼女は「タカノ」「イワキ」と私たちの名前をすぐに覚えて、名前で呼んでくれるのも嬉しい。初めての村ですぐ名前を呼ばれることはめったにない。

できる長女アルマズはこの家のマネージャー的存在でもあるようだ。チュチュは何か用があると、ガマイダ夫妻ではなくアルマズに相談したり訊いたりしている。

そうこうしているうちに日が暮れた。チュチュも帰ってきた。なんでもこの村のリーダーたちに今日のことを報告してきたのだという。コンソの人たちは本当に日本人並みに細かくてキチキチしている。

お母さんは夕食の準備を始めた。二つの小屋の間にあるカマドで豆を茹でて塩を二種類かけた。一つは岩塩、もう一つは海の塩だという。チュチュは英語で「ソイ（大豆）」と言うが味見するとなんとアズキだった。さすがに美味しい。煮汁を飲みたかったが、もったいないことに私たちの小屋の横にいるヤギたちにあげてしまった。お汁粉をガブガブ飲むヤギ。

いっぽう、アルマズはソルガム団子作り。まず粉をこねる。次にモリンガの葉を煮て、ある程度してから鍋に団子を加える。

作りたてのせいかソルガム団子は昼より美味かった。チャガは昼より濃いめだったが、これも慣れたのか、前よりも美味しく感じられた。かなり飲むことができた。

これなら何日でも飲める！ と心底安堵した。

ここでもアルマズが率先して私たちの世話を焼いてくれる。「タカノ、チャガ・イゲ（チャガを飲んで）」「イワキ、ダマ（ダマを食べなさい）」と声をかける。よく気がつくし、働き者だし、賢い。私たち二人はすっかりこの利発な長女に魅了されてしまった。

注意して観察すると、家の人が飲むチャガの量はさほど多くない。ソルガム団子やアズキもさほどたくさん食べているようには見えないが、この時点ではつまみを食べながら酒を飲んでいる——つまり私の通常の夕食に限りなく近かった。

でも村で一家全員の人たちと酒を飲むなんて生まれて初めてだ。ふつうは成人男性しか一緒に飲まない。冠婚葬祭では女性も飲むことがあるが、多くはない。そして未成年は飲まない。でもここではお母さんも十三歳の女の子も一緒に楽しく飲んでいる。日本では二十代の女性とすら一緒に飲むことがほとんどない私は感動してしまった。

ガマイダ家の人たちは不思議なほどごく自然に私たちと馴染んでいた。アフリカの人は一般に陽気で賑やかな人が多いが、この家の人たちは穏やかかつ控えめでミャンマーの山岳民族や日本の山の民に似た感じだ。みんな心優しくて、ずっと前からの知り合いに思えた。

史上最大の危機をなんとか回避した私はいい感じで酔っ払うと、小屋に戻り、ヤギの小便の音を耳元で聞きながら健やかな眠りについた。

4　朝から晩まで酒

トントントン、トントントントン。

辺境の村では穀物や薬味を搗く音で一日が始まることが多い。ここでは二日目の朝五時、お母さんが杵をトントン搗きはじめた。搗いているのはコーヒーの葉である。

コンソの人は朝、「ホラ」と呼ばれる〝コーヒー茶〟を飲む。コーヒーではない。彼らはコーヒーを栽培しているものの、それはあくまで売り物。自分たちはコーヒーの葉を乾燥させ、煎じてお茶のように飲む。節約勤勉の鬼みたいな人たちだ。

コーヒーの葉を煎ってから、ヒマワリの種、それにトウガラシ少々を混ぜ、丹念に搗き、お湯で煎じる。

ホラはスパイシーな味わいでシャキッと目が覚める。とはいえホラを飲み終えると、酒も当たり前のように出た。ヒョウタンを両手で抱えて飲むと自然に目線が上がり、青い空が見える。朝の爽やかな空を見ながら飲む酒は格別に旨い。酒の肴は昨日の残りのダマ（ソルガム団子）。

私が知るアジア・アフリカの村の人たちはあまり内輪で挨拶などしないのだが、コンソの人たちは挨拶好きらしく、「ナガイダ（こんにちは／元気ですか）」とか「ハーディ（おはよう）」といった言葉が隣近所や家庭内でも飛び交う。

なにしろ、各家がみちみちに詰め込まれたような村だから、四方八方が至近距離のお隣さんだ。柵ごしに顔が見えるし、自由に行き来している。種火をもらいに来ることもあれば、そのついでに一緒にチャガを飲んでいくこともある。

ところでチャガはどこに保存してあるのだろう？

そう訊くと、いつも食事をしているカマドの脇の家の中にある大きなポリタンクのようなバケツを見せてくれた。味見して「うっ！」と思った。濃い。強い。

私たちは今回、「アルコールチェッカー」というアルコール度数を測る器具を持ってきていたので早速原液の度数を測ってみた。これまた日本から持ってきたプラスチックのカップに少量を注ぎ、チェッカーを浸すと、測る度に「13」とか「19」といったバラバラの数字が出る。これでは何の参考にもならない。

「チャガはドロドロしているので機械がうまく反応しないのかもしれないですね」とD岩木君（こういうどろどろした酒は遠心分離機で濾過して測らなければいけないと帰国後に知ったが、文字通り後の祭りだった）。

文明の利器が役に立たないので、しかたなくもっと原始的かつ実用的な計測器を用いることにした。私とD岩木君が長年培ってきた「酒飲みの勘」だ。

原液は飲むとツンときて、喉を通って胃に落ちると確実に「酔い」を感じる。一〇～一二パーセントぐらいありそうだ。家の人たちはこの原液をお湯で割って飲んでいる。すると、昨日と同じく、ビールと同じか少し弱いぐらい（三～五パーセント）になる。

しかし朝から一杯やるのはいかがなものか。気分は最高によかったものの、その後急に眠気に襲われ、小部屋に戻って二時間ほど寝てしまった。まだまだ酒メインの生活に慣れていない。

目が覚めると、外に出て庭で記録をつけながら家の人の動きを観察した。この日、女性は畑へ行かず、市場へ出かけたり、ポリタンクを背負って下の谷へ水を汲みに行ったり、庭に生えたモリンガ木から葉っぱをとったりしていたが、その合間にしばしばチャガを飲んでいる。二人以上で飲むときもあれば、一人でカップにさくっと注いで飲んでいることもある。

私も近所の家や村の他の場所へ出かけて、家に戻るとお母さんかアルマズがチャガを出してくれる。チャガタイムでは必ず割るためのお湯を沸かすせいもあり、お茶を淹れて飲んでいるような錯覚に陥る。でもやっぱり飲めばほわっとくる。酒である。でもチャガを飲んでも酔ったように見える人はいない。一息つくとまたテキパキと働き始める。

この日は、水汲みを終えたアルマズがチャガ造りのつづきを見せてくれた。

ここでチャガ造りについてまとめて説明しよう。

まずその前に「酒」とは何か。あまりにも基礎的だと思われるかもしれないが、意外に知られていないのだ。私も最近まで明確にはわかっていなかった。

酒とは酵母菌（イースト）が糖を分解して作る物質である。もっと正確に言えば、酵母菌は糖を食べてアルコール（エタノール）と二酸化炭素（CO_2）を排出するのだ。

といっても、酒の造り方はタネ（原材料）によって異なる。ブドウなどの果実やハチミツ、サトウキビ、ヤシの樹液（ヤシ酒の素）などには糖が含まれているので、酵母菌が直接食べることができる。つまりワインやラム酒の発酵は仕組みが単純だ。

でも、米、大麦、ソルガム、トウモロコシなどの穀物やイモ、バナナなどは糖ではなくデンプン質（炭水化物）を含む。これらは糖でも「多糖類」と呼ばれ、酵母菌が直接分解することができない。なので、この場合、まずデンプン質を糖に変えてあげる必要がある。これを「糖化」と呼ぶ。糖化のためにはまず原材料を水と一緒に加熱し（煮るか蒸すかする）、糖化が進みやすいように準備する。穀物の粒がつぶれて糊のようにねっとりした状態にするからこれを「糊《こ》化《か》」と呼ぶ。糊化したタネを糖化させるためにはいくつかの方法がある。

①麦芽（モルツ）を入れる

麦芽が出す酵素の作用によってデンプン質が糖化される。代表例はビール。

②麹菌を入れる

麹菌がデンプン質を分解して糖に変える。日本酒や芋焼酎などがそうだ。

③口嚙み

穀物やイモを口に入れて嚙むと、唾液の酵素アミラーゼがデンプン質を糖に変える。かつては日本や台湾でも米を口で嚙む酒が造られていた。今でも南米アマゾンの一部ではキャッサバを口嚙みで糖化させる技術が伝えられている。

コンソでは①の麦芽を入れる方法が採用されていた。

酵母菌は納豆菌などと同様、世界中のどこにでもふつうにある（空気中に漂っている）常在菌なので、糖があれば、どんどん食べて、排泄物としてアルコールを出してくれる。

これが穀物やイモを原料とする「酒」のあらましである。

さてチャガはどのように作るのか。

【初日】

家の中に、浅い舟のような細長い木製の容器を置き、少しトウモロコシを混ぜたソルガムの粉をあける。水を入れながら両手で二人の女性が十分ほどギュウギュウとこねる。けっこうな力仕事だ。

【二日目】

1．庭に石を三つ置いた簡易のカマドを作り、その上にドラム缶を三分の一に切ったくらいのサイズの大鍋を置いて、中に水を入れる。さらに干した蔓草《つるくさ》のようなものも入れて水を沸かす。薪はチャガタイムや食事時に用いるのと同じソルガムの稈《かん》（藁）と灌木《かんぼく》。

2. 初日にこねたソルガムとトウモロコシの粉をソフトボール大の玉に丸めて沸騰している湯の中に入れる。

3. 玉を四十分ぐらい茹でる。だんだんお湯が減ってくる（鍋の中に灌木のようなものを入れたのは玉が鍋の底にくっついて焦げ付かないようにということらしい）。

4. お湯が蒸発し、玉が水面上に姿を現すと、火を止めて、鍋から引き揚げる。手を水で濡らし、ついさっきまで煮えたぎっていた玉をパッと手づかみするからすごい。

5. 玉を舟だらいに戻すと、今度は五〇センチぐらいの長さで先が少し平たい杵で搗く。この作業も力強く、丁寧。さらにぎゅっと握った両の拳で搗くというかこねる。最後に一つの大きな塊にまとめる。これをチャガ部屋に持って帰り、舟形の器の上でまたばらけさせる。そしてこのまま冷やす。

鍋に残った汁は「ミリラ」と呼ばれ、飲むことができる。試してみるとソバ湯そっくり！なるほど、ソバを茹でたのと似た感じなのか。ノンアルコールドリンクなので正直ホッとする。喉の渇きを癒やしてくれるからだ。

6. 四、五時間おいて、今度は白い粉を混ぜた。麦芽を挽いた粉だった。あとでヒゲのように芽が出ている大麦の粒を実際に見せてもらった。この麦芽の酵素がデンプン質を糖に変える。あとは酵母菌（イースト）の仕事。麦芽を挽いた粉の中や空気中にも存在する酵母菌が糖を酒に変えてくれる。

【三日目】

昼前にはチャガの原液ができている。終わり。

作り方はわりと簡単で手間も少ない。最近、南部の諸民族の間でチャガが広まっているというのもわかる。

この粉を茹でてこねたソルガムもしくはトウモロコシは西アフリカで広く主食とされている「餅団子（練り粥）」とひじょうに近いものだと気づく。粉を茹でてこねるところまでは似ているのに、そこから先が分かれる。西アフリカでは固形物（餅団子）になり、コンソでは液体（酒）になる。両方とも主食だ。ちなみに、西アフリカでは餅団子とは別にソルガムの酒も広く飲まれている。

チャガ作りの撮影が終わり、作り置きしてあったチャガを飲んで一息ついていると、チュチュが外から帰ってきた。

「チャガバーへ行かないか」と彼が言うので、私は思わず笑ってしまった。朝からずっとチャガを飲んでいるのに、わざわざバーへ飲みに行くのかと思ったのだ。日本に喩えれば、家でビールをさんざん飲んでから、「じゃあ、ちょっとビアガーデンに行こうか」と言うようなものだ。もっとも、家のビールと外のビールはちがうといえばちがう。それにビアガーデンなら焼いたソーセージとかフライドポテトといった美味しいつまみがある。もしかしたら家で飲むチャガとバーで飲むチャガはちがうのだろうか？　豆やソルガム団子以外のつまみがあったりするのだろうか？

興味津々で彼のあとをついていった。

チャガバーはあちこちにあり、日替わりで営業するという。この日私たちが訪れたバーはマチャロ村の表の入口からすぐ近くのところにあった。キャンプサイトからも近かったし、村の家でなければ取材の邪魔にもならないということでＰ長井君とＣ北澤さんも同行した。Ｐ長井君もカメラを手にしている。チャガバーではダブルカメラで挑むらしい。

バーの入口には木の棒の先に銀色に光る不思議なビニール袋のようなものがくくりつけられていた。「これはバーがオープンしているという印だ」とチュチュ。

なんだろうと思ってその袋を見たら、ＷＦＰ（国連世界食糧計画）配布のシリアル（小麦とトウモロコシ）と記されていた。なんと援助物資配給用の袋だ。コンソでは栄養が足りていない人（おそらくは子供）がいるらしい。そしてその配給袋がチャガバーの目印になっている……。

バーは階段を下りた敷地にあった。村は黒もしくはグレイのモノトーンだが、ここは妙に茶色っぽいレンガ造り。階段を下りきって店の広いスペースに出てびっくり。てっきりテーブルと椅子が並んでいるか、せめて低い腰掛けに二、三人か三、四人のグループごとに飲んでいるかと思いきや、全然ちがった。まるでサッカーのスタジアムのように中心が細長く空いており、右側は段差のついた二列のスタンド席に腰掛けた男性が、左側の家の縁石には女性がそれぞれ並んでいた。全員が緑や赤のプラスチックカップを手にしている。村ではチャガを注ぐにも洗い物をするにも、何をするにもこの一リットルぐらいのカップが用いられている。

それにしても、どうしてこの店はこんな変な配置なのだろうか。

観客が見守る中、これから大事な試合でアウェイのピッチに入っていくサッカー選手みたいな気持ちになる。奥の腰掛けに座ると、さっそく私にも緑のカップが手渡された。ビールの大ジョッキぐらいの容量だ。一杯二十ブル（約四十円）とのこと。

グビッと飲むと、妙に酸っぱい。酒に混じったソルガムの滓が細かくて、かえって喉にひっかかる。D岩木君もC北澤さんも「酸っぱい！」と顔をしかめている。

私たちはこれまでガマイダ家でしかチャガを飲んだことがないから、チャガの味の幅がわからない。このチャガは、私たちには酸っぱすぎるように感じるが、これだけ人が集まっているからには決して悪くはないのだろう。

それにしても不思議な空間だ。飲み屋だったらふつうはもっと騒がしいはずだが、ここはひじょうに落ち着いていて、リラックスした雰囲気。誰もガブガブ飲んでいないし、酔っ払った感じの人もいない。カップを手に持っている時間が長く、ときどき口につけてすする。むしろカフェでコーヒーを飲んでいる感じに近い。

少しして気づいたが、この配置は村の家で飲むときと同じだ。家では椅子や腰掛けがなく、ほとんどの人が家の壁の下にある縁石に横並びに腰掛ける。それでも座る場所が足りないと、他の建物の縁石に座り、互いに小さな中庭を挟む形になる。チャガバーの配置はその延長線上にあるのだ。同じことがここの人たちの飲むペースにも言えた。家ではヒョウタンの器で回し飲みすることもあれば、一人でプラスチックカップに入れて飲むこともある。ここでは各自がプラスチックカップを手にしている。でも飲むペースと量は回し飲みと同じぐらいだ。

いちおう、大まかに男女が分かれているものの、奥の方は入り交じっている。八割方は男性だが、女性も二割ほどいるし、年配の人もいれば若い人もいる。老若男女が一緒に酒をともにしており、これまた家飲みと共通している。

みなさん、あくまでも家飲みの続きで外飲みを行っているのだ。

期待したようなつまみは何もない。ただひたすらチャガだけを飲む。「家で飲めば、まだつまみがあるのに……」と思うのだが、ただ気分を変えたり、家族以外の人たちと飲んだりしたいということなのか。

後でチュチュに訊くと、男の人たちは家より外で飲みたいらしい。たしかに、家は女性が中心の世界で男の影が薄い。

チャガバーのシステムはなんとなくわかった。でもテーブルやグループ分けがないのはひじょうに話しづらい。私が何か話したくても近くの人は後ろにいるし、それ以外の人は遠い。そして全員が私たちの方をじっと見つめている。もっともテレビカメラが二台も入った状態では話しづらくて当然だ。

主賓格になってしまっている私が何か話さないわけにはいかない。でも一度に大勢の人と話せて差し支えがなく、誰もが共有できる話題はあるだろうか……と考えて、閃いた。

氏族ネタだ！

氏族社会では氏族ネタをふるのが得策だ。ソマリランドやソマリアでも、イラクでも、氏族ネタで場を盛り上げてきた経験がある私は、ここでおもむろに氏族調査を始めた。チュチュからすでにコンソの九氏族の名称を教えてもらっていたので、今この場に、どの氏族が何人いるのか訊いてみた。

まずチュチュの所属するアルガマイダ氏族。「アルガマイダの人、手を挙げて下さい〜」と大声で言うと、恥ずかしそうな笑みを浮かべてパラパラと手が挙がる。九名。おお、けっこう多い。「じゃあ、次に（チュチュの奥さんの氏族である）ティギスタイダの人」。またパラパラと手が挙がる。みんな、従順な生徒のようでかわいらしい。彼らもおかしそうにクスクス笑っている。

作戦成功！　場がいい感じにほぐれてきた。氏族フェチの私的にも楽しい。

結果は、九の氏族のうち七つが確認された。全ての村に全ての氏族が存在するというから、こんなものなのだろう。チュチュのアルガマイダ氏族は九名と突出して多く、他はみんな五名以下だった。アルガマイダ氏族はマチャロ村では有力なのかもしれない。

でもこうして挙手してもらうと一目瞭然だが、氏族同士で固まっているわけではない。全くバラバラだ。それに氏族ネタはソマリ人やイラク人相手ならもっとドッカンドッカン受けるが、ここではみんな「このガイジン、変なこと訊くなあ」程度の笑いだ。考えてみれば当たり前で、ソマリ人やイラク人にとっては氏族自体が緊密なコミュニティだ。村作りや婚姻も氏族単位で行われるから、氏族以上に重要なものはない。でも、コンソ人にとって所属先は村（地縁）と氏族（血縁）の二つがある。昔の日本の田舎のイエ制度に近いかもしれない。

いつの間にか、人々は私たちの存在に慣れたらしく、酒をすすりながら適度にざわざわとおしゃべりしていた。見ていると、女性はお湯を足してもらっている人が多い。私もお湯を頼んだ。薄くなるのも温かくなるのも、酒の飲みやすさにつながる。

私たちの後ろにあるチャガ貯蔵庫をのぞいてみた。服や蚊帳がかけてあって、ふつうの民家である。訊けば、ここは毎週日曜日だけバーになるという。他の家もそうで、週に一度営業するのが基本だという。要するにバーを専業で経営しているのではなく、副業的に開いているのだ。

特に盛り上がりもなく、みなさん、淡々と飲んでいる。酒場というよりカフェの雰囲気だ。情報交換や暇つぶしの場なのだろう。何も面白いことが起きないので私は三十分ほどで飽きてしまった。結局チャガはジョッキの半分も飲めなかった。

家に帰ると、もう暗くなっていた。七時半ごろ、夕食。豆と一緒にチャガを飲む。またチャガか！　と思うが、いつでもどこでもチャガなのだ。

まるで家でさんざん生ビールを飲んだあと、居酒屋へ行って別の生ビールを飲み、また家に帰って生ビールを飲むようなものだ。

でも我が家のチャガは旨かった。家族の人たちの方が話も通じる。けっこうたくさん飲んでしまったのだった。

三日目の朝起きて呆然としてしまった。一つにはもう一週間以上もここにいるような気がしたからで、もう一つにはこの日が私たちの滞在最終日だったからだ。ここから離れることが信じられなかった。

「前菜」と位置づけていたコンソだったが、あっという間にこの「不思議の国」に魅惑されてしまった。

決して良い住環境ではない。私たちは「ヤギ以下」の生活をしていた。これは比喩ではなく、物理的に私たちの泊まっている「穴蔵」はヤギの住処の隣でもっと低い場所にあったのだ。小便の音が耳元でジャージャー聞こえ、ときどき糞が数粒転がってくる。同じルートをたどってだと思うが、ノミやシラミなどの虫も入ってくるらしく、手足、腹、首まで赤いポツポツだらけになっている。もちろんかゆいが、それもさして気にならないほど私は村の生活に没頭していた。

ほんの少し垣間見ただけでも「不思議の国」は文字通りワンダーに満ちている。例えば村全体が岩と石からできていること。家の庭も平らな石を敷きつめて完璧に「舗装」されている。なにより驚いたのは、人々の寝床も石板だということ。

七十歳のガマイダ父さんも石ベッドに布一枚敷いて寝ているし、村を歩くと、時間帯に関係なく、そこかしこで男の人たちが集会所の広場や通路の脇にある石の上に転がって熟睡している。

チュチュもガマイダ家の小屋の一つに泊まっているが、「昨日のベッドはよくなかった。痛かった」と言う。町で長く暮らす彼には石ベッドはきついのだなと思いきや、「尖った石があったんだ。でもそれをどけたら平たい石で快適だった」。

石、いいらしい。「石の上にも三年」という言葉がある。ここの人たちは子供時代だけでも十数年、石の上に寝続けているから体が慣れてしまうようだ。もっとも石ベッドには虫や病原菌が少ないはずで、衛生的にはいいのかもしれない。

コンソの人は主に伝統宗教を信じているという。それは祖霊崇拝と精霊信仰の組み合わせみたいなものらしく、日本人の信仰に近いもののようだ。ただし、このマチャロ村は道路と町に近いせいだろう、かなり近代化が進み、ガマイダ家でも子供たちはみんなエチオピア正教の洗礼を受けているという。

それでも生活スタイルは完全にコンソオリジナルのまま。特徴的なのは男女が分離して生活していることだ。ガマイダ家ではお父さんだけが家で寝泊まりしているが、息子たちはほとんど帰ってこない。ふだんは集会所に寝泊まりし、学校や畑へ行くのもそこかららしい。たまにヤギにエサをやっている少年がいて、アルマズに訊くと「弟」と答えるので、「え、弟がいたのか！」

とびっくりした。実際には男の兄弟が三人いるという。

ガマイダ父さんも初日こそ私たちを出迎えるために家にいたが、その他の日はいくらも家にいない。朝昼晩の食事時もいたりいなかったりで、いたとしても終わるとさっさとどこかへ行ってしまう。家にいるのは女性ばかりだ。私たちはチャガの取材を核にすえてホームステイしていたから、男子の活動はいくらも見られなかった。ただ女性の生活はある程度見てとることができた。

ヨハネスは「コンソ人は東アフリカ随一のハードワーカーだ」と言っていた。「一日中、酒を飲んでいる働き者」というのは奇妙に聞こえるが、少なくとも女性はそうだ。酒を飲んでいるか働いているかのどちらかという印象である。

私は急速にチャガの生活に慣れてきていた。最初は酸っぱくてお世辞にも美味しいとは思えなかったのに、二日目には「ああ、旨い！」と口に出してしまうようになり、飲む量もどんどん増えてきた。ほろ酔い寸前のまま活動もできる。ただ、慣れないのは喉の渇きだ。酒を飲めば喉が渇く。気候は極度に乾燥していて暑い。最高気温は三十度を超し、直射日光はひじょうに強い。だからどうしてもキャンプから持ち込んだペットボトルの水を飲まざるをえない。ところがコンソの女性は水を一切飲まない。

朝にコーヒー茶を五〇〇ミリリットルほど飲み、三〜四日に一度チャガを作るときにソバ湯ならぬソルガム湯をすする程度で、あとは酒で水分を補給している。

理由の一つは水そのものが貴重だからだろう。実際、女性の主要な仕事の一つが水汲みである。三日目のほぼ最後の取材として、私たちはチュチュの案内で谷の下にある水場を見に行った。空は晴れ渡っていた。石積みの細い迷路を抜けると、わりと広い道に出た。山の斜面である。ソルガムの桿や水のポリタンクを背負った女性がぽつり、ぽつりと歩いてくる。やがて、集落を離れ、段々畑に出た。高さ五〇センチ〜一メートルほどの石垣が延々と続く。見晴らしのよい場所に出ると、向かいの山もその向こうも石垣の畑で埋め尽くされていた。その合間に砦のような村や家がある。雑木林のようなものや原っぱさえ見当たらない。

コンソ人やデラシャ人はもともとエチオピア東南部に住んでいたオロモ系の人々が十六〜十七世紀に移住してきて、ここの先住の民族と混血して形成された民族だとされる。どうやら平野部の強大な遊牧民に圧迫される形でこの山岳地帯にやってきたらしい。降雨量も少ないうえ、降り方も一定していない。だから乾燥に強いソルガムをもっぱら作るが、それだけでは栄養が足りない。でも発酵させて酒にすると栄養分がまかなえる――というのが、コンソやデラシャが酒をメインの食生活にした理由の一つとされている。

狭くて豊かでない土地をなんとか切り開き、工夫と努力を重ねてやりくりしているのだ。

一つの畑は狭くて、奥行きは一〜二メートルほど。ソルガムのほか、トウモロコシや豆類、イモ類、小麦、シコクビエなどいくつもの作物を混ぜて植えている。近年アフリカではこのような農法がNGOや国連機関などによって推奨されているが、私の師匠格であり、アフリカで長年環境NGOに関わってきた高知県四万十市出身の山田高司氏はこう言う。

「昔はアフリカの人たちはみんなそうしていたんや。ヨーロッパ人がやってきて、トウモロコシだけとか小麦だけとか一つの作物を畑に植えるようにさせた。その方が効率がいいってことでな。でも一つの作物しか植えなかったら、気候がよくなかったり病気が流行ったりしたら全滅してしまうやろ。それに土地もすぐに痩せてしまう」

コンソはヨーロッパ人が来る前のアフリカの農業形態を残していると言える。ソルガムはまだ稔っているものが少ない。なるほど、だから村の人たち（特に男性）は今、比較的のんびり過ごしているのだ。

両側高さ二メートルにびっしり積み上げられた熊本城じみた石垣には圧倒される。砦というより城だ。通路が曲がりくねっているのは日本の城下町同様、防御のためであろう。

水入りのポリタンクをしょった女性や頭に長い木をのせた男性がポツポツと登ってくる。

三十分後、谷に出たが、なんと川に水がなかった。乾いた川床のたった三カ所から湧き水がちょろちょろ湧いており、それを女性たちがプラスチック容器ですくい、ポリタンクに入れている。三〇リットルのタンク一つを満たすのに十分ぐらいかかるだろう。ゆえに順番待ちの女性が二十人以上、そして彼女たちが連れてきた子供たちが同じくらいいる。

今は長く続いた乾季の終わりで、雨季が始まる直前。一年で最も乾燥した時期とはいえ、これは辛すぎる。「アンマラ」と名づけられたこの泉とも言えない泉には、十以上の村から水を汲みに来ていると聞き、気が遠くなる思いだった。数千人、あるいは一万人を超える人たちがこの湧き水を命綱としているのである。

——なんて厳しい環境なんだ……。

酒飲み民族と言うと人々は笑うが、とても笑ってはいられない。本当に水不足で厳しい土地なのだ。

私たちも別の道から村に帰ることにした。急斜面の土の道だ。ずるずるとすべってしまう。不便さと解放感を同時に感じる。村の中は石がびっしりと敷きつめられており、まさに「舗装」。村の中は東京の都心と同じように「都市」なのである。便利だけど、少々息が詰まる。

D岩木君はふだん運動不足らしく、またカメラで撮影しながらなので、一〇メートルもいかないうちにハアハアと荒い息をついている。

いっぽう、私は絶好調。初日の「史上最大の危機」を乗り越えてからは胃腸の違和感が消えた。一つには食べる量が少ないし、一気に食べない。固形物も少なく食べてもモリンガと豆とソルガム団子のみ。肉、油はゼロだ。あとはチャガをまるでお茶のように飲む。すると、満腹にもならない代わりに空腹にもならない。常に腹五、六分目くらい。それがいいらしい。

その証拠に驚くほど体が軽い。こんなに体調がいいのは何年ぶりだろう。そのうち斜面を駆け上がってしまったほどだ。

道の途中で、チュチュが高さ二メートルほどの木を指さし、「これ、何か知っているか?」と言う。「チャット（カート）だ」

またまた、ナイスなものがあるもんだ。チュチュによれば、コンソの村ではカートが重要な収入源になっているという。ただし、彼らは売るだけで自分たちではカートをやらない。「時間とカネの浪費だから」というのがその答えで、さすが「東アフリカ随一のハードワーカー」である。彼らはアルコホリックではなくワーカホリックなんじゃないか。

しかし私は彼らとは対極の享楽的な体質。チュチュがかまわないというので、枝を数本折り取って葉っぱを噛み始めた。ますます元気になってしまう。

家に帰ると、さすがに喉が渇く。アルマズが通りかかり、「チャガ飲む？」と訊く。もちろんだ。乾いた喉にチャガは心地いい。でもそのあとでかえって喉が渇き、ペットボトルの水を飲んでしまうのだが。

私も二、三週間ほど滞在したら、ここの生活に体が慣れて、水を飲まずにチャガで水分を補えるようになるのだろうか？

昼過ぎ、「別れの宴」が始まった。

アルマズが作ったチャガの大きなバケツの中を覗くと、プツプツと泡立っている。味見するとフレッシュで柔らかくて甘い。さすがうちのできる長女アルマズのチャガだ。

突然、続々と長老たちがやって来た。まるでどこか控え室で待機していたかのように途切れなく入って来る。大相撲の中入りが始まる前に幕内力士が全員土俵に集まる様を思い出す。なぜこの人はこれほど組織的に動けるのだろう？

中には杖をついた人、裸足の人もいる。その威厳に圧倒され、私は腰をかがめて一人ずつ「ナガイダ」と挨拶しながら両手で握手。ほぼ全員がとてもやせていて、手足が棒のように細いが、手のひらはごわごわとして分厚い。

チュチュは毎日私たちの動向を氏族長や長老にレポートしているという。日本並みに緊密なこの「管理国家」ではよそ者も村人も行動が全て上層部に把握されているにちがいない。

長老たちはみんな縁石に腰を下ろす。家には椅子も腰掛けもないので、一つの小屋の縁石が埋まると別の小屋の縁石に座り、中庭を取り囲む。いつの間にかチャガバーそっくりの風景になっていた。女性はたった一人であとは年配の男性。敷地内の小屋の壁を総勢二十七名の長老たちが埋め尽くす。長老たちの顔は渋い皺が刻まれ、黒檀の木彫りのように味わい深く、中庭の石畳の模様と見事な調和をなしていた。

飲み方もバースタイル。いつもの回し飲みではなく、アルマズとチュチュが一人一人にチャガの入ったヒョウタンを配る。ヒョウタンが足りなくなると残りはプラスチックカップ。

でも、こだわり民族コンソ人はただてきとうに酒を渡したりしない。厳密に年齢順でなければならないらしく、いちいち年を訊いて、「あ、この人よりあの人の方が一つ年上だ！」と慌てて別の人に渡したりしている。この辺もなにやら日本人っぽい。

「この村から君たちへの御礼の会だ」とチュチュは言うが、どう考えても逆だろう。コンソの人たちはアフリカ大陸の多くの人とちがい、人が集まっても陽気に騒いだりしない。三十人近くもいるのに、小声でぼそぼそと周囲の人と言葉を交わすだけで、あとはチャガを手にしてじっとこちらの動きをうかがっている。

無言の圧力を受けた私は何も話すことがない。ふと思いついて、年齢順に一人一人と挨拶した。「ナガイダ（こんにちは）」「マハイ・タイノ（名前は何ですか？）」「デメラシュ」「ああ、デメラシュですか。私はタカノです」「タカノ……」「はい、ワガダショ（ありがとう）」と言って握手。

これは正解だったようで、その都度相手の顔がほころぶ。

三十人近い長老との挨拶が終わると、その頃にはすっかり和やかな雰囲気の宴会となっていた。「チャガは便利だな」と改めて感心する。長老のみなさんに集まってもらってお茶しか出さなかったら礼を欠くだろう。かといって、食事を出すのは負担が大きすぎる。でもチャガは簡単で礼儀にもかなっている。なにしろ酒であり食事でもあるのだから。

長老のみなさんに向かって「ここの家の酒は美味しい」「私はガマイダ家が大好き」などと片言のコンソ語で話す。チャガバーと同じように誰がどの氏族なのかも訊いてみた。チャガバーとほぼ同じ割合だった。私が氏族名を口にすると、長老の厳かな顔が緩み、笑みももれた。やはり氏族ネタはとりわけ年配の人に受ける。

もう少しコンソ語が話せたらいいのにと思うが、たった三日だからしかたない。この夢のようなひとときに感謝するしかない。

ガマイダ家が異常なほど居心地よかったのは、親族であるチュチュが私たちを連れてきて、自分も一緒に泊まり込んでくれたからであり、それをアルマズがサポートしてくれたからだ。彼女は本当に働き者で賢くて気配りに満ちている。チュチュは奥さんの具合が悪くて州都であるアルバミンチの病院に入院中だったことと、次のデラシャのコーディネーター役も務めていたからその交渉のため不在のことが多かったが、その間、アルマズが面倒を見てくれていた。いつも私たちの言動を注意深く観察し、私たちが「穴蔵」の前で脱ぎ散らかしたサンダルをきちんと揃え、私たちが開けっぱなしにしていた扉をちゃんと閉める。チャガタイムや食事のときは、撮影に夢中になっている私たちがぶつかって躓いたりしないよう、下に置かれたヒョウタンや皿を素早く移動させたりする。辺境の村でこんな繊細で丁寧な人は見たことがない。

彼女は実は町の高校を卒業してビジネススクールにも一年通ったという。村の人としては異例の高学歴だった。コンソ人は頭が良くてハードワーカーであるためエチオピアのどこへ行ってもすぐ仕事が見つかるとチュチュもヨハネスも言うが、それは男だけであった。「女性が一人で別の土地に行くなんて考えられない」とチュチュは首を振る。家父長制の管理国家コンソの大きな負の側面だ。

彼女は外に出たいから、外から来た私たちにすごく親切なのだろう。ほんの短い時間しか接していないP長井君とC北澤さんも「アルマズは本当にいい子ですね！」と感心しており、もはやアイドル化していた。

でもしかたがない。一時間ほどで宴会が終わると、荷物をまとめ、家の人たちに別れを告げた。私とD岩木君が滞在の御礼のお金を渡すと、アルマズは私たちをそれぞれギュッと抱きしめた。彼女は涙ぐんでいた。外の風を惜しんでのことだと思う。

6 銀河鉄道999の星

私たちはマチャロ村を離れ、コンソの町の郊外にあるツーリストロッジに泊まった。

その日の晩、夢を見た。村の家でアルマズが何か楽しそうに話しかけてくるのだが、私には理解できないという夢だった。そして、目が覚めても自分がなぜコンソの村にいないのか、理解できなかった。まさに寝ても覚めても村とアルマズの家とチャガのことが頭から離れない。

この日は、コンソと次のデラシャへ行く間に一呼吸入れるため、休日としていた。実際は記録をつけたりデータを整理したりする時間である。

ホテルにはピザもパスタもサンドウィッチもなんでもあるのに、食欲がわかない。チャガが飲みたいが、もちろんないからビールを飲みながら作業を行っていた。

松本零士のSF漫画『銀河鉄道999』を思い出してしまう。主人公の少年・星野鉄郎がお目付役か案内役かわからない謎の美女メーテルとともに永遠に生きられる体を求めて、宇宙を走る汽車で旅をする。汽車は途中、いくつもの奇妙奇天烈な星に停車し、鉄郎は途中下車の度に、常軌を逸したように見えるその星の生態系や人々の習慣に翻弄される。

私は銀河鉄道999の乗客になったような気分だ。今回、四十八時間途中下車した星がコンソだったというような。

なんて不思議な場所なんだろう。私がこれまで行った場所の中でも一、二を争う。電気も水道もない辺境の村なのに、村の中に「自然」が全くない。何もかも人工物なのだ。でも他の文明のように直線や円を極力使わず、まるで全てが自然の産物のような不規則な曲線を描いている。丸い家ですら、他の民族と比べるとあちこちが歪んでいて生き物のようだ。

私たちは見る時間がなかったが、土器や織物も自分たちで作っているという。プラスチック製品や金属製品が手に入らなくなっても彼らは自分たちだけで生活していけるらしい。これを「文明」と言わず、なんと言うのか。でもすべてコンソ流である。

人は穏やかで物静か。ミャンマーの少数民族や南米アンデスの先住民の人たちに似た、典型的な「山の民」である。気づかいがあり、親切だが押しつけがましくない。ただ、口数が少ないので、ときどき何を考えているのかわからない。

土地が極端に狭いうえ、ルールが細かくて何もかもがキチキチと管理され、人はそのルールの中でハードに働いて、家父長制が根強く残っていて、年功序列に口やかましくて、しかもよく酒を飲むから、まるでパラレルワールドの日本のようでもある。

一つずつ細部を思い出せば思い出すほど、夢か幻のように感じる。

銀河鉄道999の旅では一度通り過ぎた星を二度と訪れることはできない。遠くから思いを馳せるだけだ……。

だが。よく考えれば（よく考えなくてもそうだが）、私は銀河鉄道などには乗っておらず、お目付役の謎の美女もおらず、村はまだ近くにあった。行こうと思えば行ける。

ていうか、村に帰ろう!!

同じように「コンソ・ロス」に陥っているD岩木君と「まだ取材しそびれたことがあるよね？」「そうっすよね」などと言い合い、午後、ロケ隊の空いている車に乗って村へ向かった。他の人たちはヨハネスと一緒に町の風景を撮影しに行っており、チュチュは交渉のためデラシャへ出かけていたから通訳なしである。

驚いたことにというか、当たり前だが、不思議のコンソ星はそのままそこに存在した。

二人で迷路のような村へ入っていく。その辺の人に「ナガイダ（こんにちは）。ガマイダ家はどこ？」と訊くと、指さして方角を教えてくれ、問題なく家に着いた。

不意に訪問してもガマイダ家の人たちは変わりがなかった。お母さんは台所にいて「ああ、来たのね」と当たり前のように微笑んだ。アルマズは部屋で昼寝をしていたらしく、長い三つ編みの髪のまま飛び出してきた。いつもは頭を布で覆っているからそんな髪型とは知らなかった。ハグをして喜び合う。

「チャガ飲む？」と当然のように言うので「うん、飲む」。手にすっぽりおさまるヒョウタンの持ち重りを楽しみながら飲む。適度な甘さと少しの酸味、スープのような喉ごし。お湯のおかげで胃が温まる。やっぱりチャガは旨い。

びっくりしたのは犬である。きれいに焼けたトーストのような色の、毛並みのよい犬がお母さんに体をこすりつけて甘えていた。犬も人も足が細くて長い。お母さんがすごくこの犬を可愛がっているのがわかる。間違いなくこの犬もここの住人だ。昨日までどこにいたんだろう？　もしかしたら私たちが滞在するので犬をどこか外に預けていたのかもしれない。それにしても、辺境の村でこんなに犬が可愛がられているのも珍しい。大の犬好きである私はますますこの家と村が好きになった。

実はこのとき私たちが村に戻ったのは、単にコンソ・ロスのせいだけではなく、本当に行きそびれていた場所があったからだ。

酒場（バー）である。チャガバーではないバー。それに気づいたのは、二日前、村を歩き回っていたとき。配給袋が目印となっているチャガバーとはちがい、飲食店らしい看板が掲げられ、妙に着飾った若い女子が客引きをしていたプロフェッショナルっぽいバー（変な言い方だが）が村の中にあったのだ。家でも酒を飲み、チャガバーでも飲む人たちが行く別のバーとは何かと疑問に思ったがそのときは時間がなく、その後もあまりに予定が立て込んでいて手が回らなかったのだった。

私たちがアルマズに苦労してバーの説明をしていたら、たまたまヨハネスやP長井君たちも用があってこちらにやってきたので、ヨハネスの通訳でアルマズにそのバーへ案内してくれるよう頼んだ。他の人たちも同行した。

バーは入口を入ると狭くて、男性が三人、女性が一人、細長いベンチに腰掛けてビールのようなものを飲んでいた。あとで訊いたら蜂蜜酒だった。エチオピアでは昔から蜂蜜酒が人気だ。香りも味も甘いが、チャガよりは強いから、酒場で飲むにはいいのだろう。エチオピアのポップスがラジオから割れた音で流れ、なんだか場末のスナックみたいだ。

私が座りかけるとアルマズが「タカノ」と話しかけて首を横にふる。「もっといい場所がある」とのことだ。

彼女の後について行くと、トタン板で囲まれた場所に出た。こちらは看板も何も出ていない。同じくトタン板の小さい扉を開けて中に入ったらびっくり。広い敷地（コンソの基準でいえば）に男たちが三、四十人もいる。家の壁の縁石と長椅子にしか座らないと思っていたコンソ人が、ふつうにテーブルの席についてガラスのコップで酒を飲んでいた。それどころか、音楽が大音量で流れ、客は大声で歌ったり、手を叩いて馬鹿笑いしたりしている。

「おお、これは本当に酒場だ！」

ああ、なんとも懐かしく、溜息がもれるダメな光景。紛うことなき「酔っ払いたち」がそこにいた。

私たちを見ると、七、八人がぴょんと立ち上がり、すかさず踊り出した。頭と肩をがくがく揺らしながら激しくステップを踏む独特のダンスだ。周りの人たちが手拍子を打ち鳴らすと、私たちにアピールするつもりで始めた踊りはたちまちそれ自体が熱狂の渦に入っていく。

私たちも一杯頼むことにした。ここには蜂蜜酒とアラーケがあるという。アラーケとは蒸留酒のことだ。名称自体はイラクのナツメヤシの蒸留酒「アラク」に由来する。酒の蒸留は画期的な技術だったようで、トルコでは「ラク」（原材料はブドウ）、ブータンでは「アラ」（原材料はコメや他の穀物）と世界各地の蒸留酒の名称として残っている。

可愛らしい女の子がぐい飲みサイズのガラスカップに一杯なみなみと注いでくれた。一口あおると蒸留酒らしいガツンとした衝撃。硬質で澄み切った味の中にキーンと鋭い香りが感じられるところはジンに似ている。ジンとソバ焼酎の中間ぐらいか。でももっと似ているのは昔コンゴで飲んだトウモロコシの焼酎。訊いてみれば、やはりこれも原材料はトウモロコシだった。

人間アルコール計測器（私だ）によれば、四〇度ぐらいありそうだ。たちまち酩酊の波が襲ってくる。チャガは飲んでも軽トラで畦道を走る程度のドライブ感だが、こちらはレーシングカー。ぐいぐい加速していきそうで危険だ。

客は全員が男だった。アルマズも「アラーケは飲まない」という。基本的に男性が飲むもので、そういう意味でも、世界の前近代的な地域における「酒」の立ち位置にある。この土地においても、へべれけの酔っ払いというのは男しかいないということでもある。

この酒とここの飲んだくれを見ると、チャガとアラーケが全く別種のドリンクであることがわかる。チャガは栄養と水分を得ることと、仲間うちでまったり楽しむことを目的とする酒であり、アラークは酔って楽しむための酒だ。

自分の家で一日中、断続的に酒を飲むうえ、外には二種類のバーがあるコンソ。全くもって異世界の星だ。

懐かしの酔っ払いたちはわあわあと素晴らしい盛り上がりを見せてくれていたものの、私がそこで楽しく過ごせるかといえば別問題だった。酔っ払いたちは私たちの周りに集まってきて、「一杯おごれ」「俺にも」などと騒ぎだしたからだ。チャガを飲んでいるときはあんなに穏やかで礼儀正しい人たちなのに……。

結局、二十分足らずで退散し、家に帰った。そしてまたしてもアルマズの入れてくれるチャガを飲んだ。私とD岩木君で二人してホッとする。チャガはあらためて胃腸と心にやさしい。

もう何がなんだかわからないが、ともかく、ここで一段落したように感じられた。「途中下車」の星に未練を残しつつも、本来の目的地であるデラシャへ向かう心づもりになった。

銀河鉄道999の目的地ではタダで機械の体が手に入るという。酒飲み銀河鉄道の目的地では何が手に入るのだろうか。いくら酒を飲んでも大丈夫な体だろうか？

第4章 劇団デラシャ

1 本格酒民族デラシャの洗礼

「前菜」と呼ぶにはあまりに強烈なコンソ星を発ち、私たちは「メインディッシュ」であるデラシャ人のエリアへ向かった。

デラシャ人は「デラシェ特別自治区」に住んでいる。土地はデラシェ、民族名はデラシャと微妙にちがうのだ。紛らわしいが、英語のジャパンとジャパニーズみたいなものだろう（註）。

標高一五〇〇メートルのカラティから一〇〇〇メートル前後のセゲン渓谷平野に下りる。そしてアルバミンチ街道をまっすぐ北に進む。デラシェ自治区はコンソ自治区の北隣りにある。実は私たちはアルバミンチからコンソに行くとき、デラシャの土地を通過していた。だからデラシャの土地は一度車窓から眺めている。そこをまた引き返す形となる。

「タカノ、見ろ！」とガイドのヨハネスが窓から指さす。「デラシャの土地はコンソの土地よりずっと広くて豊かだ」

たしかにそのように見える。デラシャも山の斜面に畑を作るが、コンソのような緻密な石積みではなく、四角く区切っただけで、ゆったりしている。あくまで見た目ながら、土もコンソほど乾いていないようだ。

しかし、私が気になるのはそれよりも酒だ。道路沿いにはときどき子供たちが水のペットボトルに白っぽい液体を入れて持ち運んでいるのを見かける。

あれはもしかしてデラシャの秘酒パルショータじゃないか!?　と思うが、止まって確かめる余裕はない。

コンソ人の世界はユニーク極まりないが、「飲酒民族」としてはマイルドだった。水やお茶代わりに酒を飲んでいるのはたしかだし、十二、十三歳以上なら子供（未成年）でも飲む。でも彼らは酒をガブガブ飲んだりしていなかったし、アラーケのバー以外の場所で酔っ払った人も見かけなかった。チャガなくしてコンソの生活が成り立たないのは間違いないにしても、主な栄養源はソルガム団子と豆類ではないか。多く見積もっても「酒」と「固形物」が半々ぐらいのように見えた。あくまで私たちの見たかぎりだが、決して「酒を主食とする民族」とは思えなかった。

デラシャはどうなのだろう？　砂野さんの調査によれば、コンソの大人が飲むチャガが一日平均して二リットルであるのに対し、デラシャはパルショータという酒を五リットルも飲むという。コンソの二倍以上も飲むのだ。そして固形物をとる量は当然ずっと少ないという。

でも私には酒メインで暮らすということがいまだに信じがたい。幻の酒主食民族は本当に実在するのだろうか？

本当にデラシャの主食が酒だったとしても、生活や健康に問題はないのかという別の大きな謎がある。コンソではアルコールを大量に摂取する弊害、あるいは未成年が酒を飲む害などについて専門家に訊く余裕がなかった。デラシャでは時間があるので、ぜひその謎も解明したい。

しかし、目下の懸案は例によって「裸の王様」状態が続いていることだ。先行きがさっぱりわからないのである。

「グローバリゼーション」が進み、パルショータではなくチャガを飲む人たちが増えているという情報もあったし、私たちが泊まる予定だった村が渡航の直前でキャンセルされ、次の村がなかなか決まらないようだった。奇妙なことにデラシャのコーディネーターを務めていたのはコンソ人のチュチュだった。彼はコンソ人だからコンソのことは当然よく知っている。でもデラシャのことはそれほど知っているわけではないから、デラシャの役場の人たちに取材のアレンジを頼んでいるという。「話がうまく通じない」というようなことをこぼしながら、彼は日に何度も電話で問合せをし、さらに私たちが行く前の日に自分一人で先にデラシャの町役場を訪れていた。そして私たちがデラシャへ向かったときチュチュは不在だった。さすがに入院中の奥さんのところへ行かねばならないとのことだった。

現地コーディネーターがデラシャ人でなくコンソ人であることがすでに不安なのに、その担当者が同行しないとは想定外である。彼がいかなる準備をしたのかさえわからない。

つまり、私たちは最大のキーパーソンを欠いたまま、闇鍋の中に突っ込んで行こうとしているのだ。何か重大な問題が生じなければよいのだが……。

出発して一時間後、アルバミンチへ向かう街道から分かれて山を登り始めた。

デラシャ人は二〇〇七年の統計では約十三万人。コンソ人と同様に、かつて他の民族に圧迫されて険しい山の上に住むようになった人々が先住民族と混じって形成された民族とされる。ただ、その後人口が増えたため、新しい世代は逆に山から下に下りていき、今では山の上（高地）と下（低地）に分かれて住んでいる。デラシャの中心地ギドレは高地にある。イタリア統治時代、イタリア人がマラリアの多い低地を嫌い、高地に町を作ったことが理由だという。その結果、私たちも急な坂道を登ることになったのだ。

道路自体はとてもいい。標高が上がるにつれ、どんどん樹木が増えていく。木立や茂みが切れたところからは眺望が素晴らしい。なだらかな丘と山にきれいな畑が作られ、ポワンポワンと三角屋根の家がたたずんでいる。コンソの村のような「迫力」は感じさせず、おとぎ話の絵本に出てくるようなのんびりした風情だ。

車は斜面を登り続け、気温がどんどん下がっていく。標高二〇〇〇メートルぐらいのところにギドレの町はあった。町といっても村が大きくなったようなところで、私の記憶ではミャンマーとインド国境に住むナガ人の町に似ている。

「車がほとんどないですよね」とD岩木君が指摘し、初めて「ほんとだ！」と私も気づいた。

一見、道路をいろいろな車が走っているように見えるが、四輪車では古い中型のバス、三輪車ではトゥクトゥク、二輪車ではバイクタクシー、以上である。自家用車どころか小型トラックですら見かけない。

この町には平地がほとんどない。中でも目を瞠ったのは市場。ちらっと通りかかっただけだが、森やブッシュを切り拓いたとおぼしき山の斜面に作られていて、道行く女性の多くはヤギの毛皮をふろしきのように背中に背負っている。カゴを背負っているとか頭に荷物を乗せているというのは見たことがあるが、毛皮ふろしきは斬新だ。

——うわ、奥地に来たなあ。

と久しぶりに思った。コンソとはちがう種類の別世界感があった。

車が止まったのは、廃屋としか思えない、古くて壊れかけたコンクリートの平屋の敷地だった。ギドレの町役場だという。もっとも出迎えてくれた、アトナフとメセレという役場の職員は二人とも背が高くて親切で、いかにも「インテリ」という洗練された物腰である。アトナフは流暢な英語をあやつった。

「私はツーリストではないんです。デラシャの人たちの普通の生活が見たいんです」

私が言うと、アトナフはにこやかに頷いた。

「あなたがたはホルテという村に泊まります。デラシャの生活や文化を体験していただけるでしょう」

「パルショータも飲めますか？」

「もちろん」と彼は笑った。「好きなだけ飲めますよ」

おお、素晴らしい展開ではないか。今回はちゃんと意図が伝わっていたようだ。期待感MAXでステイ先の村へ向かって再出発。アトナフが乗る先導車のあとを私たちの車がついていく。だが、そこで異変が起きた。なんとしたことか、この奥地感満載の秘境から離れて山を下りていってしまうではないか！

「いったいどうなってるんだ!?」

動転しながらヨハネスに訊くと、「ホルテ村は高地ではなく低地にあるんだ」。

ええ、どうして!?　と絶句した。アルバミンチ街道に直接つながっている低地は高地に比べてずっと「グローバリゼーション」の影響を受けていることが見た目でもすぐわかる。どうしてわざわざ俗化された場所へ行かなければならないのだろう？　せっかく積み上げられた私の期待感を崩していくように、車は容赦なく山を下りていった。しまいには埃っぽくて暑くてトラックが行き交う街道に戻り、コンソ方面へ向かう。

途中でどこか道から外れて内側へ深く入ってくれるんじゃないかという淡い期待も、車が街道から砂利道を入ってすぐの大きな集落に入っていくことですぼんだ。都会風の石造りの建物や高い電波塔が立っていた。あまりに何の変哲もない村。もしかしたら、何か他の用があってここに立ち寄っただけでは？　と思いたかったが、残念ながらここが私たちの滞在先なのは明白だった。なぜなら、広場に何百人もの人々が集まり、歓迎しようと待ち構えていたからだ。しかも広場の一角には、ご丁寧に例の「金持ち西洋人用キャンプ」がセットアップされていた。「できるかぎり普通の村の生活を体験したい」「特別なことは何も必要ない」とくり返していたのに、やはり理解されていなかったようだ。

コンソでそうしたように、さっさと自分たちの荷物をステイ先の家へ運ぼうとしたが、その前に歓迎セレモニーが盛大に始まってしまった。「フィラ」と呼ばれるデラシャの伝統音楽&舞踊だ。

これ自体はすごいのである。青と白、それに細い緑の縞模様という〝デラシャカラー〟の衣装を着用した男性がざっと三十人ほど、女性が二、三人、輪になって踊る。男性はみな、尺八のような竹の縦笛を吹き鳴らしている。笛は片手で持っている。音は一つか二つしか出ないようだ。でも笛の長さがまちまちであり、長い笛を持つ人は低い音を、短い笛を持つ人は高い音を出す。さまざまな音程の音がポリフォニーを奏でる中、順番に一人ずつが輪の真ん中に出て、ジャンプしたり複雑なステップを踏んだりする。他の人たちがそれに合わせてステップを踏む。輪の脇にいる女性四人がルルルル……と舌を振るわせて高音を発する。かつて象狩りで使われたという盾と槍を手にした長老らしき人が細かいステップを刻んで「戦士の踊り」らしきものを踊っている。

くり返しのメロディーをずっと聞いていると、どこか他の世界へ連れて行かれそうな気がする。トランス系というのだろうか。他のアフリカ諸国では見聞きしたことのない、実に不思議なダンスミュージックだ。一方で、大きなエチオピア国旗を振り回す人がいるとか、あまりに衣装がそろいすぎてユニフォームっぽいなど、もともと存在した民族舞踊を観光用に仕立て直したダンスショーという印象も否めない。

二十分ほどでダンスは終わったが、人々、特に子供たちの熱狂はすさまじく、こちらに押し寄せてくると恐ろしいほど。キャンプサイトには仕切りのテープが張られ、そこに近づく子供たちを大人の男性が棒を振り回して追い払う。植民地時代のアフリカを舞台にした小説や映画に出てくる「白人様が村にやって来るシーン」そのままで、冗談ではなく悪寒がした。二十一世紀の現代にこんなことがあっていいのだろうか。アフリカをこよなく愛しているC北澤さんはこの光景に心底ショックを受け、一時的に具合を悪くしてしまったほどだ。

しかし倫理性を云々する余裕もなかった。こんな目立つ場所にキャンプを置くわけにはいかないから他の場所に移してほしいとだけ日本とエチオピアのスタッフに頼んで、私たちはステイ先の家へ向かった。

コンソとは全くちがい、この村は——アジアやアフリカの多くの村がそうであるように——雑然としていた。玄武岩の黒い小石がごろごろし、ペットボトルやビニール袋の切れ端が落ちている道。トタン板をてきとうにつなぎ合わせた柵。傾いた電柱とたるんだ電線。目の前には巨大な電波塔。きっとWi-Fiはよく入るだろうな……とぼんやり思った。

まるで津波に押し流されるようだが、私はもう抗うのを諦めた。地元の人たちをコントロールなんかできない。この流れに乗っていくしかない。受け入れてくれるだけでもありがたい。酒主体の生活が少しでも体験できればいい。
ところがである。コンソそっくりの展開が待っていた。トタン板の扉を開けて、ステイ先の家の敷地に一歩入ると別世界だったのだ。

註　「デラシェ特別自治区」はごく最近（二〇二三年八月）に周辺の民族のエリアも含めた、より大きい「ガルドゥラ自治区」という行政区分に編入されたという。だが、今は移行段階であり、今後はまた別の地区に分類される可能性もあるというので、とりあえずデラシャ人の居住域は従来の呼び名である「デラシェ特別自治区」を用いることにする。

2 十九世紀以前のアフリカへタイムスリップ

一瞬、十九世紀以前のアフリカへタイムスリップしてしまったのかと思った。敷地は風流な石積みと竹の柵でいくつかの区域に仕切られていた。コンソとちがって、広々とした空間の中に丸い円錐形の屋根の家が五つ、六つ立っている。コンソのもっこりした屋根とはちがう、鋭角的な円錐形の屋根だ。

パッと見て、現代的なもの、あるいは西洋文明的なものは全く見当たらない。

さらにモリンガの木をくぐり、二段ほどの石段を上がると、タイムスリップ感はますます強まった。上に植物を這わせた棚が屋根代わりになっているテラスが設えられており、そこに民族衣装を着用した男女がずらりと腰を下ろし談笑していた。七割方は女性だ。

白いショールのような布で肩から腰のあたりまでおおっていて、自分たちで織ったとおぼしき、赤い地に黒や白の線が入った服とスカートをまとっている。髪は地毛かウィッグか判断がつきにくいものの、細かく編んでおかっぱのように垂らして前髪を揃えている。入れ墨のような印を額や顎に描いている人もいた。

痩せていてやさしげなコンソのガマイダ家の人たちとちがい、ここの人たちは妙にガタイがよい。しかも目力が強くてじっと凝視してくるのでちょっと怖いくらいだった。でも幸い、ここには気を強くもたせてくれるものがふんだんに用意されていた。主食酒のパルショータだ。

一人の女性がどこからか、大きな土器の壺を背負ってきた。土器の壺！　今これを使っている人たちも初めて見た。壺には白い液体がいっぱい入っており、コンソと同じヒョウタンの器に注がれる。そして私に差し出された。コンソのヒョウタンより一回り大きい。その分、重い。なみなみと注がれた酒の表面には黄色い泡が立っている。

これが秘酒パルショータか。こわごわと一口飲んでみる。

「意外に旨い！」

酸味が強くて濁り酒であるところはチャガに似ているが、ちょっと野菜ジュースのような風味がする。そういえば、パルショータにはモリンガを混ぜると書かれていたからそのせいかもしれない。ソルガムの粉は細かい。口当たりもなめらかだ。

チャガよりむしろ美味いかも……と喜んだが、二、三口飲むと、別のことに気づいた。けっこう強いのだ。アルコール度数が八、九パーセントあるんじゃないか。頭がぐらんぐらんする。ふつうの飲み会なら歓迎だが、これを「主食」として一週間すごすとなれば話は別だ。

しかし、この場にいる人たちは当たり前の顔でごくごく飲んでいる。飲み方はコンソと同じで回し飲み。ただ、明らかに一人が飲む量も多そうだし、口にする頻度も高い。

役場のアトナフに訊くと、「朝、昼、午後、晩にこのヒョウタンで一〜二杯飲むから、一日に少なくとも四杯、多いときは六杯」と笑顔で言う。マジか。ヒョウタンは一杯で一リットルくらいありそうだ（あとで計ったら本当に一リットル前後あった）。つまり、毎日四〜六リットル飲んでいることになる……。

あまりに意外な展開の連続とアルコール度数の高い酒の両方に酔ってしまっていたが、まだ終わりではなかった。

「君たちの寝るところはここだ」と案内されたのは、庭に入ってすぐのこの家の敷地の中で最も大きな小屋だった。直径六〜七メートル。「母屋」と呼んでもいいだろう。

外観も中の様子も、まるで民俗資料館かと思うほどに前近代的なアフリカの家屋だ。家具は何もなく、壁にそって二つの寝台が置かれていた。ここのご両親の家らしい。

ここを使わせてもらえるとはありがたく、ちょっと申し訳ない。私が寝ることになったベッドはお母さんのものらしく、驚いたことに木製の枕が置かれていた。枕というより「頭を載せる台」。以前、コンゴやガボンの博物館で見たことはあったものの、実際に使われているものは初めて見た。日本でも江戸時代以前に同じようなものが使用されていたようだが、それも写真かドラマ・映画か博物館の中でしか見たことがない。「木枕」は家族の人がお母さんのところへ持っていってしまったので寝心地を確かめることはできなかった。

家の真ん中には四角い囲炉裏と低い長椅子。椅子の座面には扇形の跡が無数についている。これはノコギリではなくナタで板を削った跡だ。かつてコンゴやミャンマー・ワ州の村でも同じような削り跡を見た。つい最近までここにはノコギリが存在しなかったのだろう。

まるで民俗資料館のような家ながら、家のある場所（角《かど》がないので「家の一角《いっかく》」という言葉が使えない）には「Corn（トウモロコシ）」と英語で書かれた穀物の袋が積み上げられていたり、お母さんの寝台の上の藁葺き屋根の内側には薬の錠剤シートが二枚、差し込まれていたりして、ちゃんと生活感もある。ふつうに使われている家なのだ。

私たちの荷物や撮影機材を全部入れてもスペースが余っている。コンソでは立ち上がることもできない穴蔵にいたので、この広さは快適だった。多少暑いが我慢できないことはない。

そこへ妙に貫禄のある若い女性がやってきて、「ハーイ！」と挨拶した。英語を話すわけではなかったけれど、賢そうな目をしている。私は片言のアムハラ語で自己紹介がわりの挨拶をした。ニブレットという名のこの女性は、案の定賢くて、私が意図することをすぐ察してくれた。デラシャ語を習いたいと言うと、すぐに「あなたの名前は何ですか」と「私の名前はタカノです」というデラシャ語の表現を教えてくれた。素晴らしい。タイプこそちがうものの、コンソのアルマズ同様、彼女もこの家の「できる長女」っぽい雰囲気だった。もしそうならとても助かるのだが。

別の女性が一・五リットルぐらい入りそうな巨大ヒョウタンいっぱいにパルショータを持って

きてくれた。ニブレットが「ウケ」と言って勧める。コンソでは「イゲ（飲みなさい）」と言っていたから、これも飲めという意味だろう。

さっきよりアルコール度数は低いがそれでもかなり強い。パルショータはどこもこんなに強いのだろうか。それとも私たちをもてなすために特別に濃くしていたりするのか。

私たちは他の人たちのいるテラスへ戻った。役場の職員であるアトナフに疑問点を訊こうとしたら、彼はもう帰ってしまっていた。あとに通訳として残されたのはティグレとトルネットという二人の若者だった。

通訳1号のティグレは背は低いものの、がっしりとしており、「ここの家の息子だ」と名乗った。通訳2号のトルネットは彼の友だちで別の村の出身だという。ただし、彼らの英語力は覚束ない。息子のティグレは何を訊いても最初は「イエス」と答えていた。「この家には何人の人が住んでいるのか？」「誰がこの家の人なのか？」と訊いても「イエス」と答えたくらいだ。ほとんどこちらの意思が通じていない。友だちのトルネットの方が英語はできたが、彼はこの村のことを全然知らないようで、毎回改めてティグレに訊き直し、その過程で質疑応答はズレていき、結局よくわからないのは同じだった。あてにしていた「できる長女」のようなニブレットはいつのまにか姿を消していた。

困ったのはここにいるのが誰なのか、さっぱりわからないこと。

確実にこの家の人だとわかったのは、ティグレの両親だけである。お父さんはちょうどコンソのガマイダ家のお父さんぐらいの年齢で、六十代後半から七十歳前後だろうか。お母さんも同じぐらいだろう。お父さんがわりとふつうに酒を飲んでいる一方、お母さんは黙っている。シャイな人なのかなと私は思っていたが、D岩木君は「お母さん、すっごく機嫌が悪いんですけど、大丈夫ですかね?」と心配そうに言う。カメラのファインダー越しに見るとよくわかるらしい。そう言われれば、他の人たちはヒョウタンを回しながら飲んでいるのに、お母さんだけは自分のヒョウタンをしっかりと持ち、誰ともシェアしていない。

——これは相当怒ってるな……。

急に話が決まり、ここが私たちの滞在場所になったのは間違いない。しかもお母さんは寝床をとられてしまったのだ。申し訳ない、何かフォローをしなければと思えど、通訳は役に立たないし、何をしたらいいかわからない。

メイン会場では女性たちがダンスを始め、大盛り上がりになっていた。女性が一対一で向き合って、競うように激しく体を揺らしてステップを踏む。周りは歌を歌ったり歓声をあげたりする。ただ、酔っているのか、ナチュラルハイなのかはよくわからない。

人を把握するためにも、仲良くなるためにも、私は自分で一人ずつ挨拶して名前を訊き、メモに書きとめていった。

その結果、名前はわかったものの、相変わらず関係性はよくわからない。とても仲がよさそうだし、親族だとは思うのだが。中でも存在感を発揮していたのは、私より二〇キロぐらい体重が重そうで豪快に笑ったり手を打ち鳴らしたりするキト・キタンボという大阪のおばちゃん的な女性と、小柄ながらせっせと立ち働くパリトゥという女性だ。この二人はこの家の生まれで、近所に嫁いでいるんじゃないかと私は推測した。

夕方六時過ぎに働き者のパリトゥが中心になって、デラシャでは「ハワラタ」と呼ばれるソルガム団子を作り始める。アルミの鍋ではなく、なんと大きな土器の壺。これには驚いた。世界中の辺境を訪れてきたが、定住民が煮炊きで土器を使っているのは初めて見た。

ソルガム団子は、作り方も、薄味で粉っぽい食味もコンソのソルガム団子「ダマ」にそっくりだった。ただし、ここにはバルバレというタレがあった。トウガラシと生姜とニンニクを混ぜたもの。これをつけると一気に美味くなった。どうもこのバルバレとは「トウガラシ」の意味のようだ。

ソルガム団子抜きで、バルバレをなめながら酒を飲んでいる人もいる。私も真似してみたら、塩辛でどぶろくを飲むような感じで悪くない。

誰の意思でそうなっているのかわからないのだが、パルショータに水を入れて薄めているようで、だんだん回ってくる酒のアルコール度数が下がってきた。飲みやすくてありがたい半面、今度は胃がたぷんたぷんになってきた。

ただでさえ美味しいとは言えないソルガム団子はそんなに喉を通らない。でも大阪のおばちゃん的なキト・キタンボがエチオピアのおもてなし「グルシャ」で私の口に「あーん」させる。一つをまだ咀嚼しているうちに二つめを私の口に無理やり押し込む。私が「あがあが……」と声にならない悲鳴をあげるとガハハハと大笑い。他はデラシャの伝統で固められた民俗資料館みたいな家で、どうしてこの作法だけ浸透しているのだろう。ありがた迷惑を通り越し、ほとんどパワハラ。グローバリゼーションの弊害である。

私はこの日、朝五時から稼働していた。酔いも回り、七時頃、「もう無理！」と叫んで小屋に引き揚げて寝てしまった。D岩木君もそれに従う。私たちが去ると、わりとすぐに外は静かになった。

九時頃だろうか、息子である通訳1号ティグレと2号のトルネットがやってきて、「ここに寝てもいいか？」と訊く。なぜこの家の息子が客である私たちの寝場所にやってくるのかさっぱりわからなかったが、そんなことを追求する余力はなかった。

異世界へのタイムスリップ酔いと酒の酔いにずっぷりと浸ったまま、深く寝入った。

3　どっちも土器、みんな土器

朝五時起床。外は真っ暗で誰もいない。見上げると星がものすごい。作り物のようにギラギラと光っていた。

六時過ぎ、明るくなるとようやく人がパラパラと集まってくる。でも何も飲まず、静かに座っている。家の中の他の小屋から来たのか、外から来たのかもわからない。女性は赤い布を頭に巻き、白い布のスカートを身につけている。

朝の光が台所の板壁とそこに吊された形も大きさも異なるヒョウタンや縦長の編みカゴを照らし出し、影をつくる。とんがり屋根はモリンガの緑に囲まれ、空は青い。この家にはグローバリゼーションどころか工業製品がほとんど見当たらない。コンソの村では水汲みにはポリタンクを、調理にはアルミの鍋を、酒を飲んだりするにはプラスチックカップを使っていたのに、なぜかここにはない。

コンソがちがう星のような独自の異世界だったのに対し、こちらはヨーロッパ人に植民地化される前のアフリカ人の暮らしを見ているようだ。コンゴやナイジェリアも昔はこんな感じだったのではないかと思わせる。

「ちょうど朝日が入口からカマドまで差し込んできたときに料理を始めましたよ」とD岩木君が興奮気味に知らせてくる。たしかにそうだった。しかもカマドの上には土器の壺が載っている。ここの人たちの伝統ぶりからするとそうであっても不思議じゃないと思う。昔のアフリカを訪れることは長い間、私の叶わぬ夢だった。だから今その夢が叶っているのだ。「ずーっとこの家で暮らしたいよ」と私は彼に言った。

次第に人が集まり、やがて昨日とほぼ同じメンツが顔を揃えた。数えると十八人いる。男性はお父さんと通訳二名の他はアディスという三十歳ぐらいの男性一人だけ。あとはみんな女性だ。

朝食はコンソによく似ていた。まずコーヒーの葉を煮出したお茶を飲む。こちらでは「シュッケタ」と呼ばれていた。そしてソルガム団子と豆の煮込み。それらを食べ終わると、パルショータの登場だ。やはり朝から飲むらしい。

朝の爽やかな風を受けながら、八つのヒョウタンを回してぐびぐびと喉を鳴らす十八人の人たち。これがふだんの朝食なのか、われわれを歓迎する宴会の続きなのかはわからない。

今朝のパルショータはアルコール度数が四〜五パーセント程度で飲みやすい。チャガとちがって、最初の一口は泡立っている。それもビールマイスターが注いだ生ビールのような軽やかな泡。でも、八つのボールでラグビーをやっているようなもので、大変に忙しい。一つのヒョウタンで酒を飲んで隣の人に両手で渡すと、すぐに別の人から別のヒョウタンが差し出される。パスに次ぐパス。でも出されたパスは受けなければいけない。そして飲む。そのくり返しだ。

私は朝、前日分の日記をつけるのを習慣としており、この日も五時前から書いていたが、書くことが多すぎて二時間たっても終わらない。朝食のあとも続きを書こうとするのだが、ひっきりなしにボール、いやヒョウタンが回ってくるのでペンを動かす暇がない。前日まではパルショータを本当に飲めるのかと心配していたのだから嬉しい悲鳴である。

いっぽうでこの家は依然として謎だらけであった。家族構成はどうなっているのだろう？　ここに集まっている人たちは親族なのか同じ氏族なのか。

謎と言えば、突然、スタイル抜群の制服を着た女性警官が現れたと思ったら、昨日会った「できる長女」風のニブレットだった。これにも驚いた。昨日は途中でどこかへ消えていなくなったと思ったら、実は警官？　だいたいどこで働いているのかと通訳を介して訊くと「ギドレの町」だという。ギドレ？　ここからギドレまで車で一時間半はかかる。どうやって通っているのか？そもそもここに住んでいないのか？　何者なのか？　でもそれ以上の情報については我らが「通訳」の能力を超えているらしく、何もわからずじまいだった。

なにより最大の謎はデラシャの酒パルショータだ。昨日も今日も働き者のパリトゥがどこかから壺を背負って運んできたが、一体どこから持ってくるのだろう。昨日、D岩木君がパリトゥが壺を背負って出かけるのを見つけ、あとをついていこうとしたら通訳2号のトルネットに「行くな」と止められたという。

とはいえ、麗しい朝酒に酔い、この美しい家の雰囲気に浸っていると、そういった疑問も忘れてしまう。

うっとりと夢心地でいた私たちを叩き起こしたのは新しい展開だった。

働き者の女性パリトゥがまたしても壺を背負っていた。パルショータ？　と訊くと、彼女は首を振り、「水」と答えた。酒を運ぶのも水汲みもどっちも土器なのか。みんな土器。すごいなあと感嘆した。それに水汲み場はぜひ見てみたい。ついていこうとすると、通訳2号（息子でない方）のトルネットが「水場は近代化されている」と言って私たちを制止する。「いや、別にいいよ」と答えて出かけた。

昨日、一歩敷地に入ったら突然伝統的な世界になって驚いたが、今日は逆だった。一歩外に出るとグローバリゼーション真っ只中の村が広がっていた。学校に行く子供たちはきれいなTシャツに半ズボンやスカートを着ているし、雑貨屋はあるし、ド派手なバイクに乗った少年（バイクタクシーだった）はいるし。

しかし、とどめは雑貨屋の向かいにある水場だった。黄色いポリタンクが何十個と並んでいたのだ！　明らかに水汲みの順番を待っている。パリトゥはそこを通り過ぎ、順番待ちの人全員を追い抜いて壺に水道の水を入れ始めていた。

「やられた!!」と私とD岩木君は叫んだ。今どき土器の壺なんか使っているなんてすごいと思っていたが、わざとなのだ。

「みんな、ふつうの服着てるし！」とD岩木君。たしかに、私たちの家に来ている女性たちのように赤い布を頭に巻いたり白いスカートをはいたりした女性は全く見当たらない。みんな、ふつうに洋服を着ている。そして、よくよく思い返せば、パリトゥが壺を背負ったり下ろしたりするとき、妙にぎこちなかった。

「他の人たちが『そうじゃない、こうするんだ』みたいに言ってましたよ」とD岩木君が付け加える。壺なんか背負ったことがないから四苦八苦していたらしい……。

なんてこった。

私たちは本当に民俗資料館に住んでいたのだ。ヒョウタンや自然素材のものしかないのも、他の家からかき集めて、プラスチック製品と取り替えていたのだろう。まんまと騙されてしまった。通訳2号のトルネットが私たちにパルショータや水汲みについていかないよう止めていたのも納得がいく。私たちの家の敷地内だけ十九世紀以前のアフリカであり、日光江戸村みたいなものだった。

デラシャは演劇のようだ。第一幕では高地の秘境感に驚き、第二幕では植民地再現にげっそりし、第三幕ではタイムスリップで舞い上がり、そして第四幕では舞台は暗転、悲劇（喜劇か？）に転ずる。

「ほんと、劇団デラシャですね……」とD岩木君も呟いた。

あの「素敵な朝」も作り物だったかと思うとショックは計り知れなかった。三十年以上世界中を歩いてきたとこれまで豪語してきた私の経験とはいったい何だったのかと思う。考えてみれば、私は世界中で騙されたり間違ったりしてきたのだが、それをカウントしていなかったとも言える。「どうしましょう?」とD岩木君に訊かれても溜息しか出ない。

うちの通訳では話にならないので、キャンプサイトからガイドのヨハネスを呼び出し、事情を説明して(彼も呆れていた)、彼を通じて家のみなさんにノーマライゼーションを呼びかけるほかなかった。

「わざわざ伝統的な生活を見せていただきありがとうございます。でも私たちはふつうの生活も見たいので、今後はぜひともいつもと同じように過ごして下さい」

効果は少しずつ現れた。プラスチック製品こそ回収に手間取るのか出てこなかったものの、家を出入りする女性たちは徐々に普段着(洋服)に戻っていった。しかし、服装が替わっても、彼らの酒を飲むペースはいっこうに変わらない。「そこにブレはないんだな」と私は妙に感心してしまった。

だがしかし。劇団デラシャの舞台はまだこれからが佳境だった。

4　謎と混乱の果てに

謎と混乱は昼頃、一時的に収まったが、それは人が急にいなくなったからだ。女性たちはそろって姿を消し、通訳の二人も見当たらない。小屋がいくつもあるので、そこのどこかにいるのか、それとも外の自宅に帰ったのか。

お父さんとアディスという三十代の男性が二人で延々と飲み続けている。アディスはどこの誰かわからない。家族でも親族でもなさそうだ。ただお父さんの相手をするためだけにいるようにも見える。なにしろ、通訳でも家族でもなくてここに来ている男性は彼だけなのだ。

やがて彼はお父さんとの話に飽きたらしく、日記を書いている私のところへ来て、しきりに何かくれとか言って仕事の邪魔をしはじめた。息は酒臭く、明らかに酔っている。しまいには温厚なD岩木君が「アディス！」と強い口調で叱りつけた。デラシャ人はパルショータでは酔わないのかと思っていたが、大量に飲めばちゃんと酔っ払うことが確認できた。アディスのおかげである。

午後になると、人々がどこからともなく帰ってきて、同時に混乱と謎も一緒に戻ってきた。というより、もっとひどくなっていた。

パルショータの作り方を訊いたのだが、全然要領をえない。パルショータの作り方はコンソのチャガよりはるかに複雑だ。通訳二人の英語がおぼつかないし、人によって言うことがちがう。その間、七、八歳くらいの男の子がトコトコとプラスチックカップに入った液体を持ってやってきて、若い女性に手渡した。私は目ざとく見つけて、そのカップの中身を味見したら、パルショータだった。どうしてこの人だけが自分用の酒を子供に持ってこさせているのだろう？

さらに母屋の裏にある小さな小屋で、見知らぬ三十〜四十代の女性が明らかに酒と思われるものを造っていた。彼女の造り方は他の女性たちと全然ちがうように見える。というか、この女の人はいったい誰なんだ？

わけがわからないので、しかたなく通訳としてヨハネスにまた来てもらった。パルショータの作り方を訊くと、「ふつうの方法とショートカットした（簡略化した）方法がある」という。しかしヨハネスもパルショータの造り方を知っているわけでなく、ただ人々の言うことを通訳するだけだ。そして彼女たちの言う造り方は二つとも砂野さんの本に書かれていたものとちがうように感じられる。

頭が痛くなるのは、この間も私たちが酒を飲み続けていることである。ほろ酔いの人たちが集まって、酒の造り方がわからないとかちがうとかそうじゃないとか、わーわー騒いでいるのだ。

パルショータにはシュッカと呼ばれるモリンガの葉を発酵させた味噌状のものが入っているか

ら、ねっとりして胃に重たい。朝から飲み続けているから酔いが回って眠いし、そもそも半分二日酔いであり、精神的な意味だけでなく頭が痛い。そして——これがいちばん恐ろしいことだが——パルショータに含まれるシュッカの青臭さがだんだん鼻につくようになっていた。ときどきむかつきを感じるほどだ。それは出発前の救急搬送の悪夢を呼び覚まし、二日目にしてこの主食酒に恐怖感をおぼえるようになってきた。またか!! コンソのときと全く同じではないか。劇団デラシャは激しく舞台を変えるのに、私の方は同じシナリオをくり返している。バルバレ(トウガラシ汁)をなめてなんとか口に注ぎ込んでいる状態だ。

舞台が大転換したのは夕飯前のことだ(何が「夕飯」かわからないが、一応ここでは「ソルガム団子を一緒に食べること」を夕飯としておく)。

D岩木君と今後の取材計画を考えていたのだが、どうもパッとしたアイデアが出てこない。学校や畑を訪ねようと前から考えていたものの、何かしっくりこない。学校に行ったところで見知らぬ子供に何を訊けばいいのだろう? この家の子供について学校へ行くなら、それはすごく面白いはずだが……。

とそこまで考えて気づいた。どうしてこの家には子供がいないのだろう? 結婚した娘たちがみんな嫁いでしまい、現在子供が住んでいないのかもしれないが、そうだとしても、彼女たちはどうして自分の子供をここに連れてこないのか? 両親にとっては孫にあたるのに。

D岩木君は「そう言えば、女の人たちのダンナさんも一度も見てないですね」と言う。たしかにそうだ。この辺の人たちは強い家族の絆で結ばれているはずだから、外国からゲストが来たとき、女性の夫も子供も顔を出さないなんてありえない。

「まさかニセ家族ってことないですよね？」とD岩木君。

「さすがにそこまでやらないだろう……」と私は笑った。笑ってから背筋が寒くなった。

本当にそう言えるのか。いまだにこの家の家族構成が全然わからないし、ティグレは息子なのに両親とちっとも仲が良さそうじゃない。というより、ほとんど口をきかない。

そこでハタと気づいた。みんな、苗字がちがう！　私はここにいる人たち全員の名前を訊ね、書きとめていた。エチオピアでは、インドやイスラム圏と同じように、「自分の名前＋父親の名前」をフルネームとする。父親の名前が苗字代わりなのだ。お父さんはクンバラ・リゼという名前である。ならば、ティグレのフルネームは「ティグレ・クンバラ」でなければいけないが、彼は「ティグレ・ティナイダ」だ。それどころか、クンバラを苗字とする人は誰もいなかった。女性たちも全て苗字がちがう。

なんてこった!!　やっぱり彼らはフェイク家族だ。

「マジか！　劇団デラシャ！」とD岩木君も叫んだ。

そう考えると、いろいろな謎がするする解ける。お母さんが異様に不機嫌なのは、単に突然外国人が押しかけてきただけでなく、他人の集団に家をのっとられているからだろう。パルショータの味やアルコール度数が毎回ちがうのは異なった系統の家から持ち寄られているせいだ。パルショータの作り方がわからないのは、おそらくファミリーによって作り方が微妙にちがうのだろう。私たちがパルショータを持ってくる先に行こうとして通訳2号のトラネットに制止されたのは、それに気づかれないようにするためだ。ちなみにトラネットは単に英語ができないのではなく、都合の悪いことはてきとうにごまかしていたから何を言っているのかこちらは理解できなかったのだろう。「息子」のティグレがナップザックを持って私たちの小屋で寝泊まりしているのも、自分の家じゃなかったからだ。そして、「できる長女」風のニブレットは単に私たちを監視もしくは見守るポリス……。

朝は「民俗資料館」的演出に騙されていたことに気づき、晩には家族までフェイクだったと発覚するという二段オチ。「ヤラセ」で一躍名を馳せたクレイジージャーニーだが、なんと今度はこちらがヤラセに引っかかったとは……。

私たちはショックに凍りついた。「ヤラセ」のホームステイでは取材にならないし番組としても成立しない。これまでつぎ込んだ労力と一千万円単位（推測）の経費が水の泡と化す。キャンプサイトに電話して状況を短く説明し、P長井君とC北澤さんにこちらへ来てもらうことにした。緊急ミーティングだ。

彼らが到着するまで時間がかかる。私とD岩木君は動揺を押し隠して、中央の広場へ戻った。不幸中の幸いは、ここには、気が動転したときにいちばん効果的なものがふんだんにあることだった。酒である。

もう青臭いとかねっとりしてるとか関係ない。私は大きなヒョウタンを受け取るとガブガブ飲み始めた。

引きつったような不自然な笑みを浮かべてP長井君とC北澤さんがやってきたときも私はやけ酒をガンガン飲んでいて、二人に向かって「もう飲まなきゃやってられないよ!!」と喚いた(あとでP長井君に「笑っちゃいけないけど、あのときの高野さんには笑いました」と言われた)。

母屋に集まって二人に事情を説明すると、二人とも目を見開いている。D岩木君はプロ根性でこのミーティング風景もカメラに収めているが無言だ。しかし、このとき私はカチッと何かがハマる音を聞いた気がした。旅が予想もしない展開を見せるときの音。

めちゃくちゃ面白いじゃないか。

ふつうテレビはヤラセをやる方で、やられることなどない。われわれが史上最も間抜けなロケ隊だという可能性はあるものの、それでも貴重な体験である。それにこのデラシャの人たちのヤラセとクレイジージャーニーの過去のヤラセは質的にそっくりだ。

前にも述べたように、ヤラセは主に「番組を面白くしたいという欲求」と「面白くしないとヤバいというプレッシャー」によって生まれる。この村で起きていることも同じだ。

私はたしかに「できるだけ伝統的な村に住みたい」とリクエストを出していたし、彼らも自分たちの伝統を最大限アピールしたいという欲求がある。それが今後のツーリズムや何か利益につながることからだ。同時に、理由は不明ながら、途中で急遽ホームステイ先を変更しなければならなかったという事情がある。早くどこか新しいところを探さねばならず、とはいえ取材班を受け入れられる家などそうそうない。やっとホルテ村に年配の夫婦が暮らす昔ながらの家を見つけたものの、家族がいない。若者も子供もいない家はさすがに伝統的とは言えない。でも日本人たちはもうすぐ来てしまう……。そういう時間的なプレッシャーの中でニセ家族を作らざるをえなかった可能性がある。

東京赤坂に拠点を持つテレビ局のスタッフとエチオピア南部の辺境の民が同じような動機から同じような行動をとるとは面白すぎる。ヤラセは文化人類学の研究対象になりうるのではないか。「他者を喜ばせるための詐欺的な演出」はどこでも見られるはずだ。そのうち英語でYARASEという単語が生まれたりして……。

私の頭は暴走気味だったが、今はそんな場合ではない。とにかく善後策を講じないといけない。私はこの家を引き払って、新しいホストファミリーを探すことを提案した。私は「王様」なので、制作スタッフはみんな黙って頷いてくれる。

続いてガイドのヨハネスを呼んだ。「ここのファミリーはフェイクだ」と話すと、彼も目を丸くした。「それはありえないだろう」と言うので、私は「ここにこの家の人たちのネームリストがある。見てくれ、苗字がみんなちがう」とノートを差し出した。ヨハネスはノートに目を走らせ、「君はディープ・リサーチャーだな」と驚きの声をあげた。

ヨハネスは「まず確かめさせてくれ。もしかしたら、親戚かもしれない」と言って出て行った。しばらくして帰ってくると、彼はフーッと一息ついてから、「君たちの推測は正しかった」と告げた。

彼が言うには、この家はまちがいなくあの夫婦のものである。そして裏に住んでいた謎の女性が彼らの本当の娘だった。何かしらの理由で結婚をせず、両親と暮らしている。その三人が本物の家族――とのことだった。

「息子」と称した通訳1号のティグレは無関係の人間で、その友人である通訳2号のトラネットの方はこの家の娘のイトコ（ただし別の村の人間）。その他の人たちはおおむね血縁関係にはないが、数人は親族が混じっているようだ。意外なのは警察官のニブレットがこの夫婦の孫だということ。彼女はギドレの町近くの村に住んでいて、ときどき年を取った祖父母の様子を見に来るという。

ヨハネスはこの家で本当の家族だけで生活し直すことを提案した。でも私は他の村へ移りたいと言った。それもできれば高地の村へ。子供も若い人たちもいる平均的なデラシャの家庭を見たかったし、何よりも都市化しつつある低地はもうこりごりだ。

私が「王様」なので、やはりここでも私の意見が通った。ただ、問題はどのように高地の村を今から探すかだ。デラシャの人たちにしても苦心の末のヤラセだから、ここで私たちが彼らの行為を正面から否定すると、話がこじれる可能性がある。例えば、これを役場のアトナフにただ報告して「ステイ先を変更してほしい」と要求した場合、彼が首謀者なら逆ギレするかもしれないし、彼が知らないうちに他の誰かが計画したことならアトナフが腹を立ててその首謀者を弾劾して内紛が起きるかもしれない。いずれにしても酒取材と番組の成立が危ぶまれる。

私は学生時代に謎の巨大生物ムベンベを探しにコンゴの奥地へ行ったとき以来、現地の人たちとの揉め事に嫌と言うほど巻き込まれてきたが、そこで得られた教訓は「正面から理詰めで責めるとろくなことがない」。下手に地元の人たちのメンツをつぶすと落とし所が見つからなくなるのだ。

私と同様、アフリカでの経験が豊富なC北澤さんが「ここにいる人たちのコネクションを通じて高地の村を探すのが彼らにとっても抵抗がなくていいんじゃないでしょうか」と適切な提案をしてくれた。騙されていたとはいえ、その中でも私たちはここのフェイク家族の人たちと親交を深めていた。彼らにとっても私たちはもはや「どこの誰かわからない外国人」ではない。少なくとも私たちが〝間抜けだけど害はない連中〟とわかったことだろう。安心して自分の親戚や友人に紹介できるかもしれない。それにこの方法なら、ここの人たちのメンツも守られて問題は少なそうだ。

ただし言い方には気をつけなければいけない。あくまでもフェイク家族の人たちには「感謝」を伝えることが肝腎だ。そのうえで「今の状態では希望する取材ができないので、他の村へ行きたい」と言わねばならない。

それをヨハネスに説明しつつ、私はヨハネスにも気を遣った。本来、この問題は現地コーディネーターのチュチュか役場のアトナフが対応すべき案件であり、ヨハネスが矢面に立つ義理はない。彼としては私たちがこのままこの家にいてくれることがベストなのだ。今更劇団デラシャの人たちと私たちの板挟みになるなど、嫌でたまらないだろう。彼が気分を害すると全てが台無しになる恐れがある。だから彼にも「本当に申し訳ない」と謝り、「君の助けがなければ我々の取材は不可能だよ」と最大限に賞賛した。私ほど腰が低くて家臣の顔色を窺う王様もいないだろう。

幸い、気のいいヨハネスは同意してくれ、また私たちの伝令として交渉に出かけた。その結果、女性警察官ニブレットの家に泊めてもらえることになった。彼女はギドレの町ではなく、そこから五キロほど離れたアルガイという村に住んでいるという。

彼女が「できる長女」という私たちの直感は結果的に間違いではなかったようだ。

大どんでん返しだが、最高の結果である。なにしろ低地と高地の生活を両方体験できることになるからだ。


翌朝も同じように「劇団員」の人たちが集まっていた。少し冷えるせいだろう、白いショールをまとった人が多い。またヤラセではないかと疑った私とD岩木君はわざわざ外に出て確かめたが、他の村人もこのショールをまとっていたのでホッとした。

目が慣れてくると、この村の人たちはけっこうトラディショナルな出で立ちだった。ふつうの洋服、例えばハーフパンツやTシャツやスカートにしても、実は「デラシャ織り」が多い。デラシャの人が自分で織った布を洋風に仕立てているのだ。デザインの特徴は、男女問わず、シャツの裾にちょっと切れ込みがあることと、デラシャ人は基本的にクリスチャン（エチオピア正教徒かプロテスタント）であるため、背中に十字架の刺繍がほどこされていること。

いつものメンバーが揃うと、私たちは裏に隠れていた実の娘さんを呼び、両親の隣の席を勧めた。これで初めてリアルなクンバラ一家の三人が揃った姿を見たわけだ。お母さんがにこやかな笑顔を見せるので驚いてしまった。仏様みたいな雰囲気なのだ。笑顔だとこんなにも印象がちがうのか。これまで実の娘が排除されて他人が家族のふりをして客人を接待してきたわけで、さぞ屈辱的な体験だったろう。私のせいではないけれど、本当に申し訳なかった。

周囲の人たちは私たちにウソがばれて気まずそうな顔をするかと思いきや、むしろどこかホッとしたような雰囲気である。やはりウソをつくのは心理的に負担だったのにちがいない。ヤラセは誰にとってもよくないのだ。

ただ変わらないのは酒の量。この日もみなさん朝からよく飲むこと。ヤラセがバレても相変わらずそこにはブレがないのだった。

第5章

ホンモノの家族と
ホンモノの酒飲み民族

1　ホンモノの家族を発見！

クンバラ家の人たちとフェイク家族の人たちに別れを告げ、私たちは車で出発した。村の中を走ると、少し離れた所にバーや食堂や商店があり、村というより小さな町である。あの家はたまたま老夫婦の家だったとはいえ、全く以て芝居小屋みたいなものだった。それに気づかず「ずっとここに住みたい」と言っていた自分に心底呆れた。

再び、アルバミンチ街道を少し北上してから山をぐいぐいと登り始める。道は中国語の喩えで言うところの「羊の腸の如く」。車は上下左右に揺れ動くので、私の視界も、青い空、白い雲、緑の木立、円錐屋根の家、ギラつく太陽、茶色い畑が不規則に映し出される。風は涼しく、心地よい。

D岩木君は隣でカメラを持ったまま、口をパカッと開けて爆睡していた。仕事中に寝入っているディレクターの姿は面白いので、それを写真に撮って、他のスタッフにLINEで送ったが、その後で自分の悪ふざけを反省した。

彼は半端でなく疲れているのだ。D岩木君の仕事ぶりには目を瞠るものがあった。前にも書いたように、今回のロケは異例である。台本は何もない。現場で何が起きるのかわからないのは私もスタッフも同じだ。そこでD岩木君がとった手段は「朝から晩までひたすらカメラを回し続ける」。彼のカメラは半分は村の生活に、半分は私に向けられている。何かあれば、すぐ私にコメントを求める。私が記録をつけているときは一人で村を歩き回り、何か面白いものを見つけると私に報告する。さらに宿泊先の小屋でも、今のように移動中の車の中でも、GoProの固定カメラを取りつけて撮影をしていた。二十四時間監視体制である。

D岩木君はひじょうに仕事熱心で人柄も申し分なかった。私は今回のロケにあたり、「テレビカメラと同行するのは二週間が限度」と思っていた。以前にもレポーターみたいな役割で半日ほど出演したことがあるけれど、それだけでかなり疲れてしまった。常にカメラを向けられ、行動を制約され、コメントを求められるのは疲弊するのである。それが今回の「二週間」という短期スケジュールの理由の一つだ。

ところがいざ始まってみると、彼があまりに自然にカメラを回し、まるで探検部の一年生のように、「高野さん、ここの家ってどうして丸いんですか？」とか「うわっ！　これ、何なんですか？」などと素直に驚きながら質問してくるので、私の受け答えもごく自然になり、全然ストレスを感じない。彼は現地の人に対してもいつもリスペクトをもって接している。「すみません、すみません」と言いながら笑顔で穏やかにカメラを回しているから、地元の人たちも私同様、すぐに彼の撮影に慣れてしまい、気にしていないようだった。

一方で、予想のつかない状況でカメラを回し続けるのは彼にとって負担が大きいはずだ。ふつう、ディレクターはできあがったVTRをある程度イメージしながら撮る。でも今回は台本がないからそれができない。彼が予測できないのは地元の人のことだけではない。「裸の王様」である私も何をやり出すかわからないのだ。なぜなら私には計画性というものが欠けており、目新しいものにパッと飛びついたり、かと思えば、他の人にはどうでもいいようなことに強く執着したりするからだ（私自身は意識していないが）。

だから彼は朝から晩まで撮影し続け、息をつく間もない。食事もふだんの十分の一もとっていないだろう。パンとかおにぎりみたいな固形物があれば撮影の合間に囓ったりもできるが、ヒョウタンの酒ではそうもいかない。しかもそこまで苦労して撮影がうまくいくとはかぎらない。伝統文化がインチキだったり、家族が偽物だったりする。そして、またしても何も予想がつかないまま、新しい村へ向かうわけである。

D岩木君に幸あれ！　と自分のことは棚に上げて祈らずにいられない。

その間も車は登り続け、町の少し手前、標高一七〇〇メートルぐらいのところで舗装路を離れた。狭い土の道に入り、すぐのところに村があった。教会があり、向かいはトタン屋根の家。「ここも町っぽい村では？」という疑念は、車を降りて小道を歩きはじめると瞬時に払拭された。石積みが両側から迫っていて、ちょっとコンソの村に似た感じなのだ。細い通路を数十メートル歩くと目的地に到着した。山のふところに抱かれた素晴らしい村の家だった。南側は森、北側は隣の家と木立で仕切られている。家屋はクンバラ家と同じように円形の壁に円錐の尖った屋根がのっかっている。中央にはキャンプファイヤーができるほどの広いスペース。ヤギや牛もいる。

デラシャ織りのTシャツにスカートという私服姿のニブレットがちょっと照れくさそうな笑みを浮かべて出迎えてくれた。

「アシャナ（こんにちは）」とデラシャ語で挨拶する。

家族もぞくぞくと現れた。「アシャナ」だけでなく、「ナガイダ」というコンソ語と同じ挨拶をする人もいる。みなさん、にこやかな表情だが、一度まんまと騙されている私たちは諸手を挙げて喜べなかった。本物かどうかわからないからだ。失礼とは知りつつ、挨拶もそこそこに、ヨハネスとニブレットを介して一人一人に名前と関係性を訊ね、系図まで書いてしまった。結果は以下のとおりだ。

父（世帯主）　タファセ・デファルシャ　五十八歳

母　ソイガ・ダムテ　五十五歳

　長男　ダンナベ　三十八歳、長男の妻　ケトナ　三十三歳

　　長男夫妻の子供七人（上の三人→ベテルヘム十六歳、マゼル十四歳、マハレット十二歳）

△次男　アシェブル　三十五歳（子供四人）職業：教師

△三男　タレケン　三十歳（独身）職業：軍隊
△四男　アヤリン　二十九歳（子供三人）職業：農業
△長女　ゼブシ　二十八歳　既婚、子供二人
△次女　シャワレム　二十五歳　既婚、子供二人
三女　ニブレット　二十二歳
四女　ムダヤネシ　十五歳
五女　ウレタネシ　十三歳
父タファセ氏のイトコ　プズナシ・プルブラ（未婚）

※△は家を出て他所で暮らしているメンバー

タファセ氏の子供たちはみんな苗字がタファセであり、年齢的にも矛盾がなく顔つきもよく似ている。

一人だけ、苗字がプルブラという年配の女性がおり、思わず「この人は誰？」と追及したところ、タファセ氏の父親の兄弟（父方のオジ）であるプルブラ氏の娘であるという。理由は不明ながら、五十すぎで今も独身でこの家に暮らしているとのこと。

「さすがにここまで確認できたら大丈夫ですよね？」とD岩木君が言う。

「そうだね、これでフェイク家族ってことはないだろう」と私。

人間が信じられなくなっていた私たちはようやく安堵した。

「ＯＫ」と私が言うと、ガイドのヨハネスもホッとした様子だった。「もしＯＫでなかったらまた他の家族を探さなきゃいけないからね、アハハハ」と彼は笑った。

コンソのガマイダ家と低地デラシャのクンバラ家ではお父さんが穏やかなご隠居風だったが、ここのお父さんは「タファセ氏」と思わず「氏」の敬称をつけてしまうほど、威厳のある人物だった。背が高く格闘家のような体格で、やはり目力が強い。あとでわかったことだが、この年代の人には珍しく高校を卒業しており、広い畑を所有し、バーまで経営している村の有力者だった。

敷地には家屋が六つある。デラシャの家では家屋（小屋）を次のように分類しているという。

マナ・カメ（母屋）……両親が暮らす小屋

コファ（ゲストハウス）……外から来たお客をもてなす部屋

ファッタ（作業小屋）……パルショータを仕込んだり石臼を引いたりする小屋。上には子供たちが住む。

カンバ（はなれ）……新婚カップルが住んだり、若者が宴会を開いたりする小屋。

この家のコファつまりゲストハウスは、形こそは円錐屋根の伝統スタイルだが、コンクリート造りの立派なもので、中はイエスの肖像画と祭壇、それに木のベンチが何台も置かれ、まるでエ

タファセ家

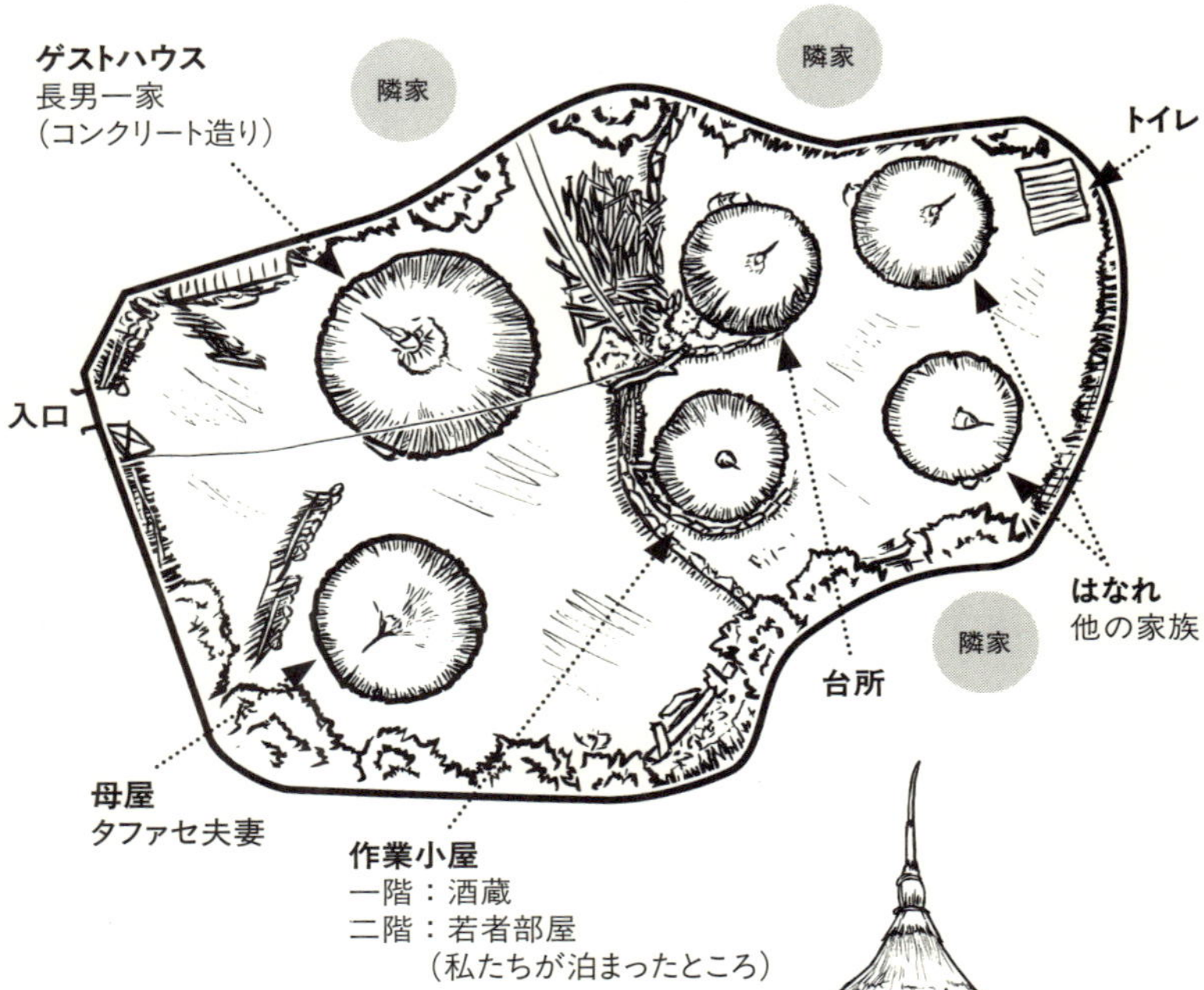

※高野の記憶、写真、動画から再構成したもの

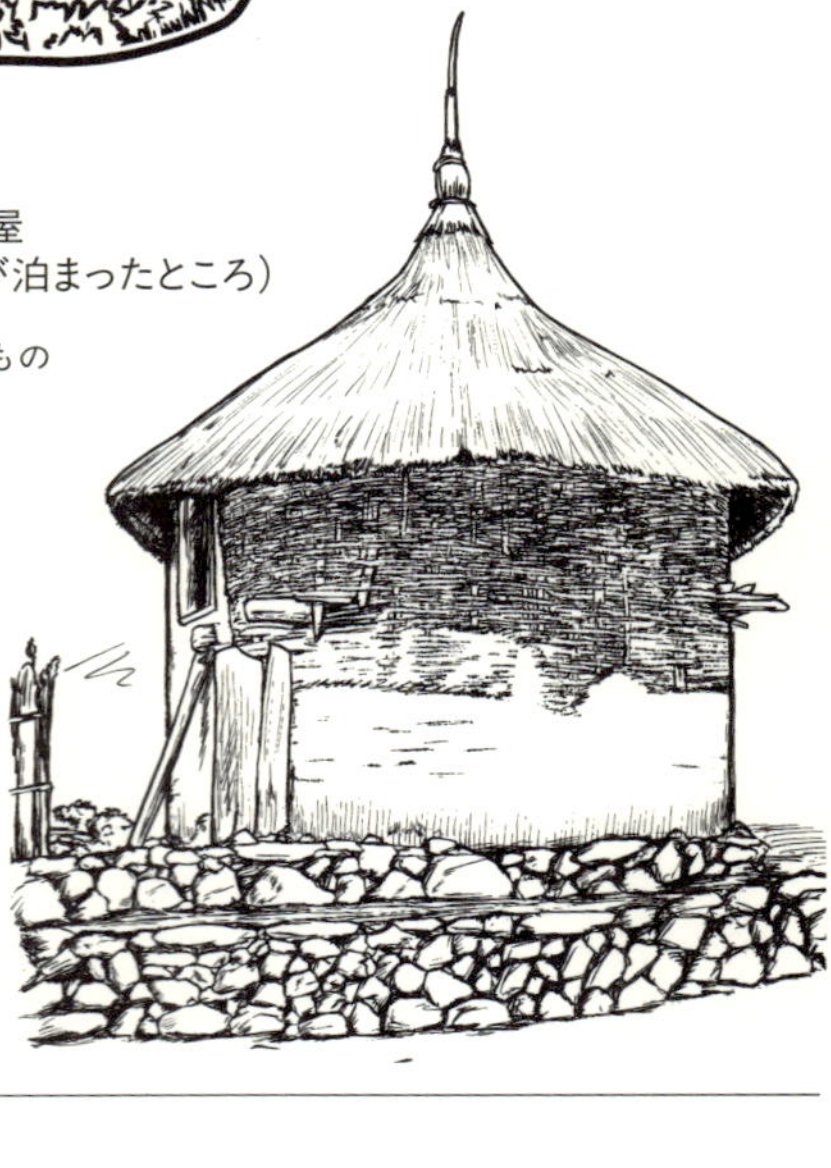

デラシェの家屋

チオピア正教の教会のようだ。ふだんは長男であるダンナベの一家が住んでいるという。もっとも長男ダンナベは現在、ここの家にいない。息子を一人連れて畑の出作り小屋に住み込んでいるという。

私たちは母屋か作業小屋の二階部分かのどちらかに泊まってよいと言われた。母屋は今朝方まで泊まっていた低地のクンバラ家の母屋とサイズも造りもそっくりである。ただ壁が土壁ではなく板壁で、その分、隙間から光が差し込んでくる。

ご両親を母屋から追い出して泊まるのは心苦しいし、前回と同様に何かよくないことが起こりそうな予感がしたが、作業小屋の二階は外から梯子で上り下りしなければならず、D岩木君がカメラなどの機材を抱えて出入りするのに難があったので、母屋を借りることにした。

そうこうしているうちにパルショータが出てきた。ここでも大きなヒョウタンになみなみと注がれていた。チャガ同様、パルショータも主食でありつつ、お茶でもあり酒でもあるようだ。客が来るととりあえず出されるものなのだ。

飲んでみると、低地のホルテ村のものと少し味がちがう。青臭さが少ない。低地では酒に発酵したモリンガが含まれているが、高地ではブランゴ（エチオピアンケール）が含まれていると聞く。それで味がちがうのかもしれない。アルコール度数はビールよりやや弱い程度、四パーセントぐらいだろうか。

パルショータをひとしきりいただくと、今度はその造り方が見たくなる。ホルテ村では寄せ集めのフェイク家族メンバーが支離滅裂な説明をくり返し、全く理解できていなかった。あらためて一から見せてもらうことにする。

まず市場へ出かけた。中に練り込むブランゴを今、切らしているというからだ。

ステイ先から地元の食材売り場へ行くという理想的な展開だ。これこそ私が期待していた「有機的なつながり」だ。本物の家族のところにいれば、このようにいろいろなものがつながっていく。

「人は家族がいなくなって初めてそれまで当たり前だった家族のありがたみを知る」などと言われるが、全くその通りで、私たちはフェイク家族に出会ったおかげで、本物の家族がいかにありがたいか身に染みて理解したのである。

2　汝、固形物を食べるなかれ

市場は町の中でもいちばん標高が高い場所にあった。車を降り、案内役のニブレットの後について行く。広大な斜面には洋服や日用雑貨を売る屋台の一角もあれば、ゴザを敷いて食料品を売る女性たちもいる。

「固形物がこんなにいっぱい！」と私は目を見開いてしまった。日本語には「食べ物と飲み物」「ごはんとおかず」「酒とつまみ」など口に入るものを分類するいろいろな表現がある。

しかし、今回のコンソおよびデラシャ（特にデラシャ）では、これらの既成の分類が使えない。なぜなら、日本語の「飲み物」は水分をとるか娯楽的に味わうことを目的とするドリンクであり、水分だけでなく栄養をとることも主目的とするパルショータにはふさわしくない。「ごはんとおかず」という言葉にも当てはまらない。デラシャではパルショータとソルガム団子のどちらがごはん役でどちらがおかず役か明確でない。話に聞くように、「主食」であるなら「パルショータ＝ごはん」となるが、白飯やパンなどとちがい、パルショータは必ずしも「おかず」を必要としない。同じ理由で「酒とつまみ」という言い方もできない。

他に言いようがないため、私とD岩木君の間では「酒と固形物」という新しい区分けが定着していた。固形物といっても、一週間に及ぶコンソとデラシャの滞在で、まだソルガム団子と豆しか食べていない。

なのに、この市場には多種多様な固形物があふれていた。

中でも私の目を惹いたのは、急な斜面のあちこちに生えているバナナの木だった。東南アジアみたいだとヨハネスに言ったら、「ノー。あれはバナナじゃない。エンセーテだ」と言われた。

エンセーテ！　ほとんどの日本人は見たことも聞いたこともないと思うが、私にはなんとも感慨深い植物だ。私は学生時代にコンゴへ通っており、コンゴについて専門家に話を聞くために京都大学のアフリカセンター（現・アフリカ地域研究資料センター）をたびたび訪れていた。当時、京大のアフリカ研究者（霊長類研究者と人類学者）には主要なフィールドが二つあった。一つはコンゴ、もう一つはエチオピアである。

エチオピアでは栽培食物を研究する人が多く、三十年後に私を苦しめることになるインジェラの原料であるテフや、南部では主食としてよく食べられているというエンセーテがテーマとなっていた。当時、センターでアフリカの資料や本をもらうと、よくこの植物（食物）の話が出てきたものだ。

エンセーテは学名Ensete ventricosum。バショウ科エンセーテ属の植物で、見た目がバナナにそっくりであるため和名では「エチオピアバナナ」とか「アビシニアバナナ」などと呼ばれるが、実を食べるのではなく、地下にできる巨大な根茎つまりイモを粉にしてから発酵させて食べるという。エンセーテはエチオピアの南部にしかないらしく、私は見たことがなかった。

エンセーテの代表的な研究者は重田眞義名誉教授である。重田さんは京大探検部ＯＢでもあり、私の師匠格でもある前出の東京農大探検部ＯＢの山田高司氏と昔からの友人で、私も何度かお目にかかったことがある。私がアフリカ納豆の本を書いたときには重田さんに書評を書いてもらったりシンポジウムで論評してもらったりとお世話になっている。さらに言えば、デラシャの酒研究を行っている砂野さんはこの重田さんのアドバイスでデラシャの研究を始めたと著書に書かれていたし、コンソを調査研究した篠原徹氏の著書でも「重田さんに原稿を読んでもらい興味深いコメントもいただいた」と謝辞が記されていた。

重田さんの名前を見かける度に私の脳裏には「エンセーテ」という単語が明滅し、「いったいどんな植物なんだろう？」という素朴な好奇心に駆られていた。

これがエンセーテなのか。初めて存在を知ってから三十年あまりが経ち、ようやく現物に出会えたのはひそかな感動だった。

実際に見ると、上から下までバナナそっくりであり、これが他の植物であるとは信じられないほどだ。そう言うと、ヨハネスは「いや、ちがう。よく見るんだ。幹の真ん中に赤い筋が入っている。それにエンセーテの方がバナナよりずっと大きい」と指摘した。

赤い筋はたしかにバナナにはない。そしてサイズはというと、近くにバナナがある場所で見比べて、初めてエンセーテの巨大さを実感した。背丈もずっと高いし、幹は二倍近い太さだ。

エンセーテを食べるのは主にアレという、デラシャの隣に住む民族だ。アレ人はエンセーテだけでなく、小麦や豆、野菜などを幅広く食べるという。どうして、そっくりな環境に暮らしていて、片やソルガムの酒とソルガム団子ばかり食べ、片やバラエティ豊かな食生活になるのか、全く不思議である。

もっとも、町ではデラシャの人たちもけっこうエンセーテを食べるようだ。その証拠にそこかしこで白くて湿ったエンセーテの生の粉とも繊維ともつかないものが葉っぱに包まれて売られていた。売り手はみなデラシャ人で「ナガイダ」とか「アシャナ」と挨拶するとみんな大喜び。エンセーテを一口つまんで味見したが、いかんせん生なので、「意外にくせがない（＝味がしない）」ぐらいしか感想がもてなかった。

エンセーテ食品を食べてみたかったものの、ニブレットは私たちを置き去りにして、どんどん歩いて行ってしまう。彼女は同じ「長女」格でも、細やかな気づかいのあるコンソのアルマズとはちがい、父親譲りの威厳と強い意志の力で周囲を仕切る「王女」タイプだった（以後、「ニブレット王女」と呼ぶ）。でもたしかに彼女の判断は正しい。今われらの課題はパルショータなのだ。もしかすると、私がパルショータではなく、他民族の主食であるエンセーテに浮気しているように見えて、王女の不興を買ったのかもしれない。

「エカッディテ（ありがとう）」と売り手の人に御礼を言い、慌てて彼女のあとを追う。

ブランゴ（エチオピアンケール、Brassica carinata）とは何かと思っていたら、菜の花にそっくりの野菜だった。両方とも同じアブラナ科だから不思議ではないが。バナナとエンセーテの関係みたいに、菜の花に似ているが葉っぱがずっと大きい。先が開いたキャベツのようでもある。

ブランゴは高地デラシャのパルショータ造りに必須のものだから、エンセーテ以上にたくさん販売されていた。抱えきれないほどのブランゴを購入すると、荷担ぎの女性に外に止めてある車まで運んでもらった。この市場にはそういう荷担ぎを仕事とする女性がいるのである（ブランゴは葉っぱなので嵩張るが重くはない）。

ニブレット王女は、ブランゴ以外では豆やトウガラシを買い込んだ。豆を食べるのか。ふだんから食べているのか、私たちへの接待のためかわからない。コンソの村と低地デラシャ同様、ここでも何一つ、ロケハンをしていないから、何が「ふつう」あるいは「ふだん」なのかさっぱりわからない。

それにしても、あらためて市場はすごい。野菜、果物、穀物、お菓子……。めくるめく固形物の世界。ほぼ一週間、酒とソルガム団子と豆しか口にしていない私とD岩木君には刺激が強すぎる。中でも、女性が金だらいに入れて歩きながら売っている揚げパンに目が釘付けになってしまった。なんて美味そうなんだろう！　私たち二人があまりに凝視していたから、揚げパン売りの女性がそのまましばらく私たち一行のあとをついてきてしまったほどだ。

自分が食べたいだけでなく「村の家の子供たちに買っていってあげたい」という気持ちにも駆られた。美味しいものを食べたいと思うのも、知り合いになった誰かに美味しいものを食べさせてあげたいと思うのも人間の本能に近い自然な感情である。しかし、どちらも今回の「ふだんのデラシャの食生活」を体験するという目的を考えれば適切ではない。じっと我慢した。

代わりに覚醒植物のカートを発見したので一束購入。これも本来村にはないものだから「コンプライアンス違反」ではないかという声もあろうが、やむを得ない事情があった。ただでさえ酒による酔いで眠気が強いのに、虫刺されがひどくて日に日に夜の睡眠が短くなっていて、昼間、眠くて眠くてたまらない。どうしても眠気ざましが必要だった。

せっかく私たちが固形食品への誘惑に耐えていたのに、あろうことか、ヨハネスが「ランチを食べたい」などと言い出した。町でランチといえば固形物に他ならない。いや、昼時に固形の食事をとることはごく普通のことだし、彼は私たちのようにデラシャの食文化を体験する必要がないから拒否できない。しかたなく、ニブレット王女と一緒に食堂へ入った。

ヨハネスが注文し、まず牛の生肉プレートとインジェラが出てきた。ヨハネスに勧められたものの、私たちは固辞し、ビールだけ飲むことにした。よく考えればビールも村にないものなのだが、酒ならいいような気がしたのである。「酒はよい。だが固形物は食べることなかれ」という謎の宗教の信者になってしまったかのようだ。我ながらわけがわからない。D岩木君は至近距離の肉を見つめて、揚げパンのとき以上に目が爛々と輝いていたが、私の顔を見てこの謎戒律に従うしかないと観念したようだ。

それでも炒めた肉が出てきたときはあまりに美味しそうでつい戒律を破ってしまった。反射的に一切れつまんで味見すると、「こんな旨い肉を食ったことがない！」と叫びそうになった。D岩木君は一口食べるなり、「うおおお！　うめえええ!!」と文字通り叫んだ。私がいなかったら彼は絶対に貪り食ったことだろう。しかし私は強固な自制心を発揮した。肉をピタリと止め、ビールのお代わりを注文した。家臣（D岩木君）も無言で従った。

もう一つ例外として、エチオピアバナナことエンセーテの粉を焼いたパンみたいなものが肉についてきたので、それも味見させてもらった。酸味がきいていて食感もライ麦パンか黒パンのようだ。こんなにパンに似た食品とは思わなかった。エンセーテを一口食べてみたいというのは三十年越しの願いだったから、それが叶って個人的にはとても嬉しかった。肉とエンセーテをほおばりビールを飲んだら天国だろうと思ったが、再度踏みとどまった。

生粋のデラシャ人であるニブレット王女は当たり前のように昼間からビールを飲んで肉も食べている。彼女は警察署（アトナフが勤める役場の隣にあった）に勤務しているから、固形の食事にも慣れているようだし、焼酎などともちがい、アルコール度数がパルショータに近いビールは「パルショータ的なもの」としてOKらしい。結果的に私の戒律は間違っていなかったのかもしれない。

面白かったのは彼女に「インジェラとエンセーテ、どっちが好き？」と訊いたら、「エンセーテ」と答えたこと。いや、彼女の答え自体より、「え、ほんとに!?」とヨハネスが仰天のあまり口をポカンと開けたのに噴きだしてしまった。

デラシャ人にとってはエンセーテの方が身近な食べ物なのだろうが、インジェラ依存のアムハラ人からすれば、ありえない回答だったらしい。ヨハネスはどうやら「インジェラ以外のものを食べている人たちはインジェラが食べられない環境にいるからであり、もし食べられる環境なら(そしてアレルギーでないなら)絶対インジェラを選ぶはず」と思い込んでいたようだ。

ランチを終えると私たちは他に服や毛布といったものを買うと村に戻った。家に帰るなり、ニブレット王女はヒョウタンの酒をごくごく飲みはじめた。

「パルショータを飲まないと食事をした感じがしない」と彼女は言い、再びヨハネスを驚愕させた(ちなみに「食事」とはヨハネスがmealと訳したものだ)。

「おお!」と私も感嘆した。やっぱりパルショータは食事なのか。

デラシャ人にとってパルショータとは、多くの日本人にとっての「白飯」的感覚なのだろうか。最後に白いごはんを食べないと落ち着かないといったような。

〝デラシャ飲酒教〟に入信したばかりの信者みたいな私は、その神々しさに見とれてしまったのだった。

3 味噌入り（？）の濁り酒パルショータ

この家には三世代、合計十七人の家族が住んでいる。子供もいれば、若者もいる。風景にバリエーションがあり、実に面白い。全員の名前と続柄を確認済みなのも安心だ。

ニブレットは王女気質のため、私たちの面倒を細かく見ることはなく、その役を担ってくれたのは、ニブレット王女の母であるソイガ母さんとプズナシおばさん（タファセ氏のイトコの女性）だった。まるで親戚のおばさんが甥っ子の世話を焼くように、私とD岩木君にせっせと話しかけ、部屋を片付けてくれたり、敷地を案内してくれたりする。

パルショータの造り方もこの二人が一から仕込みの実演付きで教えてくれた。

デラシャのパルショータはコンソのチャガとは似て非なるものだ。なにしろチャガはたった三日でできるのに、パルショータは作るのに一カ月以上かかるというのだ。

手順も複雑。砂野さんの本を読んでも頭に入らないし、低地のホルテ村でも混乱をきたしただけだった。この高地のアルガイ村へ移り、二人の女性に丁寧に実演してもらって、ようやく全貌をある程度把握した。

要は、二回、発酵を行うのだ。まず、菜の花似のブランゴを混ぜたソルガム粉を発酵させ、その後でそれを別のソルガム粉に混ぜて発酵させ、酒にする。あえて日本人的に喩えれば、味噌を仕込んでから、それを米に混ぜて発酵させて濁り酒を造るような感じである。

具体的には以下のような手順だ。

①市場で買い込んできた巨大なアブラナ科の葉っぱの茎を石で叩いてほぐす。次に葉っぱと茎をナイフで刻む。

「ナイフだ！」「刃物だ！」　私とD岩木君はほぼ同時に声をあげてしまった。コンソの村でも低地デラシャの村でも刃物を見たことがなかったのだ。なぜなら彼らは酒の他は豆とソルガム団子（＋モリンガ）の煮込みしか摂取しない。そしてそれらの食べ物には「切る」作業が不要だった。モリンガは小さくて薄い葉っぱなので、切らなくてよかったのだ。

料理で刃物を使わないというのは世界的にも極めて異例だ。刃物を使うことは料理の基本中の基本であり、コンゴのリンガラ語など、「切る」と「料理する」が同じ動詞（「コカタ」）だ。なのに、低地デラシャでは通常、料理に刃物は不要なのである。

ところが高地デラシャで常食するブランゴは大きな葉と茎をもつので、これを切るときにはさすがに刃物が登場するわけだ。ちなみに、砂野さんの本によれば、ふつうは最初にブランゴを乾燥させるという。今回は私たちに見せるためにその手順を省いたのだと思われる。

②刻んだブランゴをソルガム粉で覆い、三日間発酵させる。
③さらに別のソルガム粉を混ぜて、一週間発酵させる。
④それを石臼で練り込んでから、一カ月間発酵させる。

こうして緑色の練り物のような発酵物「シュッカ」ができあがる。

⑤シュッカができてからはコンソのチャガとおそらくほぼ同じ。コンソではソルガムの粉を団子にして煮込んだように、ここではシュッカをソルガムの粉と水に混ぜて練ってから、カボタというソフトボール大の玉にしてから煮込む。これが糊化だ。
⑥煮込んだ後に取り出したカボタを潰して、室内で広げる。これをプリプッラと呼ぶ。この後にソルガムの粉を加える（この粉にも酵母がついているらしい）。
⑦プリプッラに麦芽をふりかけて「糖化」を促す。
⑧一晩たつと、自然の酵母とソルガムの粉についていた酵母が糖分を分解して、「ソカテタ」という〝酒母〟（アルコールを含んだ液体。酒の素）ができる。
⑨酒母ソカテタに水とソルガム粉のペーストを加えて、さらに一晩おく。

⑩酒母ソカテタに飲料用の水を加えて薄めるとパルショータのできあがり。

砂野さんの本を読むと、実際には手順がもっと込み入っている。特に②〜③はシュッカになる前のブランゴをエンセーテの根本に入れて保存することもあったり、途中でついたカビを拭き取ったり、いろいろ小まめに手入れするらしい。でも、大筋ではこんな感じだと思う。

要するに、パルショータを作るのに時間がかかるのも手順が複雑なのも、ほとんどブランゴソルガム粉の発酵物である「シュッカ味噌」(と呼ぼう)を仕込むのに手間がかかるからなのだ。

タファセ家の作業小屋には三種類のシュッカが保存されていた。

@=一カ月以上発酵が進んだシュッカ…いつでも酒が造れる
A=四週間発酵させたシュッカ…あと少しで発酵完了
B=三週間発酵させたシュッカ…まだまだ

シュッカが「味噌」みたいだと思ったのはこれを見たからだった。日本の味噌も作るのにひじょうに時間がかかる。味噌のタイプにもよるが、ざっと二カ月から一年ぐらい発酵させる。そして、味噌を作っている家では味噌樽が一つということはない。その味噌を使い切ったら、次の味噌ができるまでタイムラグができてしまうため、最低でも二つ、多くの場合は三つ以上の味噌樽を仕込んで、決して切らさないようにすると聞く。シュッカ味噌の仕込みも同じだ。シュッカさえできていれば、あとは難しくない。使うときにソルガムと混ぜてちょっと煮て発酵させれば（つまり酒母ソカテタにすれば）、あとは水を混ぜるだけでいつでも「汁」になる。

単純化すれば、

シュッカ味噌を作る（一カ月）↓酒母ソカテタを作る（三日）↓パルショータ（一日）

味噌が味噌汁になるのと、シュッカ味噌が酒になるのはかなり近いものがある。ほんの数十年前まで日本人にとって味噌と味噌汁は食生活に欠かせないものだった。

これまで、デラシャ人は何を食べても「シメ」にパルショータを飲むことから「白飯みたいだと私は思ったのだが、作り方を考えると「味噌的なもの」と見なすこともできる。あるいは、「白飯」と「味噌汁」を兼ねたものなのかもしれない——。

このような解釈自体、日本の文化バイアスがかかっていることは重々承知だが、こういうふうに「あれに似ているかな」「これに似ているかな」と考えていくことで、自分の中でパルショータという不思議な酒の〝概念〟が発酵していき、理解がしやすくなるように思える。というより、こういうふうに未知なる現象を自分なりにあれこれ考えることが楽しくてしかたない。

夕方六時頃には少年たち（長男夫妻の息子たち）がヤギの放牧から戻ってきた。ヤギは餌場にダッシュ。そしてそこにあるのはパルショータとそれを作ったあとの酒粕《さけかす》だった。ヤギもパルショータを飲んでいるばかりか、器に入ったそれを奪い合って角で激しくどつき合い。勝ったヤギが酒まじりの酒粕をバクバク食べている。さすがデラシャのヤギだ。

外がすっかり暗くなってから「夕食」の準備が始まった。驚いたことにここでも低地のホルテ村と同じように、土器の壺で調理していた。「またヤラセか!?」と一瞬ギクッとしてしまったが、女性たちがひじょうに慣れた手つきで壺を扱っているところを見ると、これは民俗資料館的演出ではないようだ。思い返せば、ホルテ村のフェイク家族の人たちも、壺の中から余計な汁を出すときなど、とても手際がよかった。あれはフェイクではなかったらしい。カモネギの私たちにとって、どこまで本物でどこまでフェイクなのか判断するのはいつも難しいが、複数の場所で見るとわかりやすくなる。どうやらデラシャの人たちは高地でも低地でも（少なくとも一部の村では）土器の壺で煮炊きするらしい。

ひじょうに興味深いのは、ホルテ村でもここでも壺を三〇度ほど手前に傾けて火にかけていること。「壺の中が見えやすいし、作業もしやすい」とのことだった。たしかにそうだ。壺の口が真上にあったら毎回立ち上がって中をのぞき込む必要があるが、手前に傾けてあればしゃがんだままで仕事ができる。

「もしかしたら縄文人もこうしていたかも!?」と思ってしまった。

縄文土器にもこれと似た形の壺がある。縄文人の生活を再現した絵や模型では、壺は常に垂直に立てて火にかけられているが、形によってはデラシャの壺と同じように手前に傾けられていた可能性もあるのではないか。現代デラシャ人も縄文人も同じ人間。使い勝手がいい方を選ぶはずだ。

夕食ができたのはずいぶん遅くて時計を見たら夜八時近かった。コンソ同様、ここでも屋外で食事だった。お父さんがエチオピア正教のお祈りを唱え、「アーメン」を斉唱したらそれがヨーイドン！　の合図みたいにみんなはものすごい勢いでソルガム団子とブランゴを一緒に煮たものと、同じく煮た豆を食べはじめた。少なくとも女性と子供は固形食品が大好きなようですごい食べっぷりだ（この後、毎日この光景を見ることになった）。ソルガム団子は明日の朝も食べるため、半分弱ほど残した。

固形物スタートダッシュに少し遅れる感じで、パルショータが回りはじめた。まずは固形物で腹をある程度満たしてから、あとはゆっくりと酒を楽しむという感じなのだろうか。あるいは、おかずを先に食べてから、「白飯でしめる」ような感覚なのだろうか。

お父さんはどこからか透明な焼酎「アラーケ」を小さなカップに入れて持ってきて私にも飲ませてくれた。味はコンソで飲んだものとそっくりで、これもトウモロコシの蒸留酒だろう。

アラーケは明らかに客人向けらしく、お父さん以外は誰も飲もうとしない。やはり、ここでもコンソと同様、「パルショータは食事だけど、焼酎は酒」という概念ができているようだ。

考えてみると、ソルガムだけで作るコンソのチャガとちがい、パルショータは野菜を混ぜて発酵させたシュッカ味噌があらかじめ含まれている。おかずがすでに入った主食とも考えられる。あ、でもパルショータは実際には酒で……。

考えすぎて頭が混乱してきた。でもデラシャの酒は本当に面白い。私の頭の中にあった「人間の食」の枠組みを根本から変えてくれる。しかし、本格酒飲み民族の本領が発揮されるのはまだこれからだった。

4 テレビ画面に映らない問題

私たちのロケではヤラセを行っていない。過度な演出もしていない。だが、かといって、番組で現地の様子がリアルに映されるかというと残念ながらそんなことはない。映像というのはそのシーンの情報量に関しては莫大だが、複数のストーリーを同時に展開させることが難しい。そもそも映像として収録できないものも多い。収録してもテレビでオンエアできない要素も存在する。

私たちが市場での買いだしやパルショータ作りに感銘を受けていたとき、同時に起きていた諸問題や悩みがその典型である。

最初の問題は初日の夜に勃発した。

食事の最中、ガイドのヨハネスの姿が見当たらない。今回は英語のできるデラシャ人が不在なので、ヨハネスに可能なかぎり私たちと一緒にいてもらうことにしていた。彼はニブレット王女とすぐ仲良くなり、タファセ氏の許可も得て、夜もこの家に寝泊まりすることになっていた。二十四時間体制の通訳、素晴らしい！　と思っていたのに、肝腎なときにいなくなっている。そして仕切り役であるニブレット王女もいない。

事情を教えてくれたのはP長井君とC北澤さんだった。彼らは村の入口付近に例のキャンプサイトを作ってふだんはそちらにいるが、毎日二、三回、撮影用バッテリーの交換や物資の補充のために、ステイ先までやってくる。コンソでも低地のホルテ村でもそのようにしていた。二人によれば、ヨハネスがキャンプサイトからパンとビールをこっそりタファセ家に持ち込んで、私たちの見えないところでニブレット王女と飲み食いしていたのだという。同時に、彼らは家の子供たちにもキャンプサイトで余ったパンを大量に差し入れしていた。子供たちはそれを貪り食べていたと、こちらはD岩木君が報告した。

悩ましいことである。私たちが揚げパンを買ってあげたい衝動に駆られたように、子供に美味しいものをあげたいと思うのは自然な感情であり、むしろよいことなのだけど、この家の人たちの生活を変えてしまうと取材の意味が減じてしまう。とても言いにくかったが、ヨハネスに頼んでやめてもらうことにした。

ただ、この件で判明したのは、少なくても子供はパンが好きだということである。具体的な年齢はよくわからないものの、ざっくりと日本でいう小学校低学年以下の子供はパルショータではなく、「カララ」というドリンクを主に飲んでいるようだ。カララもソルガム粉から作られ、砂野さんによれば「アルコール度数一～二パーセント」だという。私が実際に飲んでみると、アルコール度数は感じられないほど弱い。カルピスや甘酒のような甘みがあるが、味が薄すぎて飲み応えはない。

そして――こちらはもっと言いにくいことだが――ヨハネスの存在自体が問題だった。

実はこの日、ニブレット王女は、ホルテ村にいたときとはうって変わって、私たち日本人二人によそよそしくなっていた。彼女の視線は大都会のアジスアベバから来たイケメンの兄さんに集中してしまっているのだ。

特に私がデラシャ語について訊こうとすると露骨に嫌な顔をする。ヨハネスの前でデラシャ語を使いたくないようだ。ニブレット王女にならうように、ヨハネスがいるところでは家の他の人たちもアムハラ語を使っている。カメラを回しているD岩木君も「ヨハネスが来ると、家の人たちの雰囲気がガラッと変わりますね。よそいきの感じっていうか」と述べた。

都会人の前ではみんなアムハラ語で話をし、自分たちも「エチオピア国民」という態度になるようだ。

――マイノリティあるあるだよな……。

私は溜息をついた。

マジョリティ（もしくは有力民族）と少数民族が居合わせると、よく起きる現象なのだ。例えばミャンマー。シャン人やカチン人といった少数民族の人たちは、ふだんは自分たちの言葉を喋っていても、その場に多数派のビルマ族が一人でもいると、全員が自動的に言葉を公用語のビルマ語（ミャンマー語）に切り替える。トルコのクルド人の村人も同様で、その場に一人でもトルコ語を話す人がいると、全員がクルド語を使わずトルコの公用語であるトルコ語で話す。

そしてそういうとき、彼らの態度は多少なりとも「よそいき」になりがちだ。言語が公用語になるとその「場」自体も公共性を帯びてしまうのだ。ニブレット王女のように、私たち外国人のゲストを邪険にするような村の人には初めてお目にかかったが。

他に英語を話す人が誰もいないからヨハネスには一緒にいてほしい。でも、そのおかげでニブレット王女や家の人たちが「素」の姿から遠ざかっては困る。ジレンマだ。

もう一つの困った出来事は……虫だった。まだ到着したばかりのとき、母屋で寝台の上に寝場所を作っていたら、見たことのない虫がごそごそ体を這ってきた。全長三～四ミリの茶色い丸っこい虫だ。指でつかんで「これ何?」とヨハネスに見せたら、「うわっ、トゥハンだ!」と血相を変えた。「こいつが一匹でも家にいると大変なことになる!」という。あとでネットで調べたらトコジラミだった。かつて「南京虫」と呼ばれていた寄生虫だ。

コンソもそうだったが、デラシャもノミ、シラミ、トコジラミ、ダニといった寄生虫が猛烈に多い。私もD岩木君も滞在一週間で体中が湿疹だらけになっている。辺境の村はどこも虫との戦いとはいえ、ここほど厳しい場所はそうそうない。

不思議なことに、村の人たちは虫に刺されてもほとんどかゆみを感じないようだ。少なくともボリボリ掻いていたりする人を見かけないし、なにより、みんな、肌がきれいだ。虫刺されの跡が見えない。決して虫に刺されないわけではないだろう。もし刺されなかったら、虫が生きていけないはずだ。こんなに大量の虫がいるということは、彼らも私たちと同じように血をむちゃくちゃ吸われているはずなのだ。でもなぜか平気なのである。免疫ができているとしか考えられない。とはいえ、赤児ですら肌がきれいで痒みを訴える様子がないのはやっぱり不思議だ。

いっぽう、さすがに首都アジスアベバに暮らす都会人のヨハネスにとって、ノミやシラミはともかく、トコジラミは恐ろしいものらしい。

ヨハネスがえらい剣幕で「この虫を追い払ってくれ」みたいなことを家の人たちに言うと、その後、家の人たちは――おそらくヨハネスにそう指示されたのだろう――母屋の炉で火を焚きはじめた。虫をいぶして追い払うつもりらしい。

「トゥハンはもういなくなったはずだ」とヨハネスが言うので、夕食後、寝るために母屋に入り、ヘッドライトで辺りを照らした私は戦慄した。

壁と言わず地面と言わず寝台と言わず、無数のゴキブリが這っていたのだ。直径一センチ程度のチャバネゴキブリに似たタイプだ。私は別にゴキブリ自体に抵抗感はないものの、この数には参った。

どうやら、トコジラミを追い出すつもりで火を焚いたら、なぜか家の屋根や壁の内側に潜んでいたゴキブリをいぶし出してしまったらしい。都会人の浅はかさをまざまざと見せつけられる思いだ。といっても、見せつけられたのがもっぱら私たちだったのは釈然としない。「ゴキブリがたくさん出てきた」と私が報告すると、浅はかな都会人のヨハネスは「そんなものは俺の家にもいる。問題ない」と笑い、母屋の惨状をちゃんと見ようともしなかった。まるで私たちがゴキブリごときに怯える情けない都会人みたいで、ひじょうに腹立たしい。しかもここに寝るのは彼ではなく、私たちだ。

どうしようかと思った。別にゴキブリがうじゃうじゃしていること自体は我慢できなくはないのだが、この状況で寝たら耳や鼻や口の中にゴキブリが入ってくるはずだ。それは避けたい。私は最初、蚊帳を吊って寝ようと思い、キャンプサイトのP長井君に「蚊帳を探してほしい」と頼んだ。ゴキブリホイホイみたいな家の中に蚊帳を吊って寝たら、私たちがいかに困難に耐えて取材しているかと視聴者が感銘を受けてくれるかもしれないし、あるいは私たちの方がゴキブリの仕掛けたニンゲンホイホイに引っかかっているように見えて面白いかも……と色気を出してしまったのだ。

そう言うと、D岩木君に「高野さん、それはダメです」と即座に却下された。彼曰く、日本人はゴキブリに拒否反応を示す人が多く、「ゴキブリ」自体が「NGワード（放送で使えない言葉）」になっているとのこと。ましてや、ゴキブリが映り込んだ映像など使えない。だからゴキブリだらけのこの母屋では撮影自体ができなくなる。

ああ、テレビはなんて面倒くさいんだろうと思ったら、D岩木君がぽつりと言った。

「あと、ぼくもやっぱり無理です」

彼もゴキブリホイホイに住むのは辛いらしい。というか、思いつきで動く裸の王様についていくのが辛いのだろう。よく見れば、すでに私たちのバッグやザックの中もゴキブリだらけだった。

いや、重ね重ね申し訳ない――。

結局、最初に候補にあがった作業小屋の上段に引っ越すことにした。出入りが不便だがしかたない。荷物に紛れ込んでいたゴキブリのみなさんも一緒に引っ越してきたのは遺憾だったが。私たちの寝袋にはすでにノミかシラミかが巣くっているし、あらたな寝床にもなんらかの寄生虫がいることは間違いない。気休めながら、虫除けを体中に塗りたくって防虫シートを敷いて横たわった。

虫が体を這う感覚に襲われて何度もハッと目を覚ます。それは気のせいなのか実際にそうなのかはわからない。夢とうつつを行き来しながら初めての高地の晩を過ごした。

翌朝。高地だからさぞかし冷えるだろうと思ったら意外に暖かかった。でも起きて外へ出たら山の冷気が流れており、家の人たちは「ワダ」という白いショールを身にまとっていた。どうやら私たちの部屋が特別暖かいようだ。狭くて密閉度が高いせいか、あるいは真下にパルショータやそのタネであるシュッカが置かれているので発酵熱によるものかもしれないが、よくわからない。

わからないと言えば、この家の生活ぶりも謎が多い。

フェイク家族同様、この家のキッチンにはプラスチックや金属でできた工業製品が極端に少ない。サイズや形の異なるヒョウタンの他、調理やパルショータ作りに使う大きくて平べったい器

(これはコンソでも使われていた)、竹で編んだ箕、土器の壺、トウガラシ粉や薬味を入れる牛の角……。プラスチック製品はパルショータを仕込むときや水汲み用のポリタンクぐらいだ。まさか、ここも「民俗資料館」演出のために工業製品を排除したんじゃないかと疑いたくなるが、私たちは急にこの家にやってきたから演出する暇はなかったろう。それに私たちが持ってきたプラスチックカップとたらいをあげたら喜ばれた。もともと、工業製品をあまり使ってないようだ。

朝食時にはコンソのガマイダ家やフェイク家と同じようにコーヒー茶「シュッケタ」が出たが、作り方が異常に凝っていた。コーヒーの葉だけでなく、二種類のハーブとコーヒー豆もそれぞれ煎って搗いて混ぜてから煮出しているのだ。作業時間は約四十分。エチオピアのコーヒー道ほど時間はかからないものの、手順はもっと複雑だ。

味はひじょうに濃厚で、正直言って私はコンソのあっさり味の方が好みだ。でも、これが一日で唯一の「ノンアルコールドリンク」なので貴重なのもたしか。半分に切ったヒョウタンの器(五〇〇ミリリットルほどか)をたっぷり飲み干した。

でも、本当にいつもこんなお茶を飲んでいるのだろうか。あまりに手間がかかりすぎるし、砂野さんの本では「ハーシェ」というコーヒー茶を飲むと書かれていて、その作り方を見ると、コンソのコーヒー茶とさして変わらない。つまりもっと簡易なものだ。ここのシュッケタなるドリンクはエチオピアのコーヒー道にインスパイアされて新しく作られたものじゃないかという気もする。そして、日頃こんなものは飲んでいないのに、今回は私たちが来ているので特別に作っているんじゃないかという、またしても「民俗資料館」疑惑がもちあがる。

固形食は意外にもトウモロコシを煎った「ポップコーン」で、パルショータは……飲まなかった！　まだこの家に来てから二十時間ほどしか経ってないが、私たちが見るかぎり、ここの人たちのパルショータの消費量は下の村に比べて少ない。

うーん、難しい。悩ましい。下調べをせず、いきなりこの高地の村の家に来ている私たちには、何が高地デラシャ人にとって「ふつう」なのか、あるいはこの村、この家にとって「ふつう」なのか、さっぱりわからない。コンソおよび低地デラシャのホルテ村と同じ罠に陥っていた。

ヨハネスの通訳でニブレット王女に「これは本当にふだんの生活と同じ？　私たちのために特別な食事を用意してない？」と確認したら、「お客さんを歓迎するならこんなものは出さない。肉とインジェラを出す」と不機嫌そうに言われた。そう言われるとこちらとしてはそれ以上何も言えない。

この村（家）での「ふつう」がわからないことはもっと深刻な困りごとを生む。それはここの人たちが本当に「酒を主食とする民族」なのかということだ。

え、今更何を⁉　と言われそうだが、本当にそうなのだ。この家の人たちがまるで白飯のようにパルショータを飲むのは間違いない。でもそれはあくまで「質的」なものであり、「量的」には主食レベルと呼べるか疑問だった。

まだ二日目だが、今のところ、彼らは朝と晩に固形物をけっこうとっている。ソルガム団子と豆類である。ソルガム団子はサイズ的には日本の「みたらし団子」の団子ほどの大きさで、それを一人が一回につき、十数個食べているように見える。みたらし団子（一串四個）なら三〜五本分。それなりの量だ。豆類はさほどではないが、やはり食べている。

そして、二泊三日しかいなかった低地のフェイク家族の人たちに比べて、さほど酒を飲んでいるようには見えない。コンソの人たちと同じ程度かもしれない。

とはいえ、そもそも誰がどれだけ酒を飲んでいるのかはひじょうにわかりづらい。ヒョウタンは回し飲みであることが多いし、透明な器でないから、一人が一度にどのくらい飲むか見当がつかない。また、コンソ同様、デラシャの人たちも、飲みたくなったら一人か二人でも飲むようだ。こちらも一人の人に丸一日密着しているわけじゃないから、誰がどのくらい飲んでいるのか知る術がない。

デラシャの人は本当に酒から大部分の栄養素を得ているのだろうか？

朝から晩までD岩木君はテレビカメラを回していた。この家のことも私の様子も映像に記録していた。でも、これらの困りごとや悩みはカメラでは半分も捉えられていないはずだ。一部の記録されたことも番組ではほとんど放映されないはずだ（実際はほぼ一〇〇パーセント放映されなかった）。

それゆえ、デラシャの人たちにもテレビの視聴者にも知られることなく、我々がこんな滑稽な悪戦苦闘を続けていたことを慎ましくお伝えした次第だ。

5 幻の本格酒飲み民族は実在した

われらがステイ先の人々は本当に酒を主食としている民族なのか？　という、あまりに根源的な疑問を抱えながら、私たちは取材を続けた。とにかく、まだこの家の人たちの生活を見ていない。一つずつ、暮らしぶりを見ていくしかない。

パルショータ作りの次は畑の見学だ。

タファセ家には畑が三つあるという。いずれもソルガムとトウモロコシを作っている。今は収穫直前なので、鳥から作物を守るため、長男は畑に寝泊まりして見張っているとのこと。彼が今いる畑は家からいちばん遠く、歩いて三時間、車でも一時間かかるという。

P長井君とC北澤さんも同行するというので、私たちは二台の車に分乗してまたもや山を下り、アルバミンチ街道に出ると、今度はコンソとは逆方向に北上した。複雑な思いを胸に残す劇団デラシャの本拠地ホルテ村の前を通り過ぎ、しばらく行ったところで右（東）へ曲がる。狭くて木が両側から生い茂っている土の道だ。

干上がった大きな川を渡ると、広大なエンセーテ畑が広がっていた……と思ったらこれはバナナ畑だった。そっくりなので本当に紛らわしい。

最近よく雨が降るらしく、車道はぬかるみ、ところどころ水たまりができている。4WD車は泥濘の中をゆっくりと用心深く進んでいったが、車道いっぱいに水がはった場所で止まり、そこからは歩きになった。

タファセ氏とニブレット王女の後をついて畑の中を歩く。バナナ畑が終わるとソルガム畑とトウモロコシを混作した畑になった。両方とも実がけっこう大きい。

畑の中にモリンガの木が植えられており、「ここからがうちの畑だ」とタファセ氏。見れば、一・五メートルぐらいの高さに見張り台があり、Tシャツにハーフパンツ姿の屈強な男が立っていた。長男のダンナベだった。

彼と彼が連れていた七歳の息子に挨拶してから、私とD岩木君も見張り台に上ってみた。見渡すかぎりの畑が続き、その向こうにチャモ湖が見える。一キロもない距離だ。タファセ氏によれば、三十年ほど前までこの一帯はジャングルだった。それをタファセ氏たちアルガイ村の人々が切り拓いて畑にしたのだという。

鳥を追い払うためにスリング（ひも）で石を投げると聞いていたが、よくわからないので試しにやってもらったところ、凄まじくて度肝を抜かれた。二メートルほどある編んだ紐の中央に小石を収め、ハンマー投げのように全身を使って回転しながら振ると、バシッという、ほとんど銃声に近い物凄い音が響く（目次の写真参照）。

「うわっ!」と私たちは思わず身をすくめた。戦争にも使えそうだ。この石が頭や胸にあたったら致命傷になるんじゃないか。

何度もやってもらうと、実は投石と音は無関係だとわかった。紐がムチのようにしなって伸びきったときに音が出る仕組みになっているのだ。でも鳥は石と音を関連づけるだろうから、ただ石を投げるとか、ただ音を出すだけより、何倍も脅威を感じるだろう。

しかし、私たちにとって本当の驚きはこの後だった。

ダンナベに下りてきてもらい、話を聞いた。朝、日が昇ってから夜、日が沈むまでは息子と一緒にここにいるという。荷物はポリタンク一つと水が入った二リットルのペットボトル二本とヒョウタンの器一つだけ。

私たちがコンソやデラシャの家を訪ねたとき、あるいは外からステイ先の家に戻ったときに必ずその家の人がするように、彼も話をしながらごく自然な動きで酒の準備を始めた。背の高いソルガムとトウモロコシの間にしゃがみ込み、ポリタンクからヒョウタンにパルショータを注ぎ、さらに水で少し薄めた。

差し出された酒を飲んでみると、アルコール度数四パーセント程度のやや薄めの酒。かなり暑くて喉が渇いていたから美味い。

「朝から晩まで、パルショータだけ飲んでいる」と彼は言った。他には何も食料を用意していないという。実際他に食料らしきものは見当たらない。

おお、酒だけで暮らしている人が本当にいた！　と私は感動した。彼の生活にフェイクやゲストへの気づかいが入る余地はなかった。私たちは今いきなり訪ねていったのだ。ここは携帯電話の電波も届かない。

それだけではない。私たちが口を潤した後、子供が当たり前のようにパルショータをごくごく飲んでいた。マジか!?　日本なら小学二年生ぐらいだぞ。

もう少し正確なことを知るために質問を重ねた。すると、この親子は、夜はここから一キロほど離れた場所にある別の畑の小屋に寝泊まりしていることがわかった。朝はまだ暗いうち（おそらく五時前）には小屋を出て、夜は七時過ぎに小屋に戻るらしい。ざっと十四時間ぐらいは酒だけで固形食はとってない。

一日にどれぐらい飲むのか訊くと、五リットルのポリタンクを指さして「これ一杯」。ということは五リットル弱だろうか。しかもこのポリタンクの酒を味見すると強い！　アルコール度数一〇パーセント以上ありそうだ。この原液を水で半分くらいに割って飲んでいるから、実際には四〜五パーセントの酒を一〇リットルぐらい飲んでいることになる。すごい量だ。

子供は水を飲むのかと思ったら、答えは「ノー」。理由は「そっち（酒）の方が美味しいから」。信じがたいことだが、七歳の子供が丸一日、ビールと同じぐらいの度数の酒を五〇〇ミリリットル缶四〜五本飲んでいるようなのだ。しかも他に何も食べないし、水も飲まないという。それを証明するかのように、インタビュー中も、この子は一人ですることもなく退屈なのか、ぐびぐびと酒を飲み続けていた。

――幻の酒飲み民族は実在した!!

私は大きな吐息をついた。飲む量といい、こんな小さい子供でも飲むことといい、そうとしか言いようがない。

水は寝泊まりしている小屋からここへ来る途中の湧き水で汲んでくるそうだが、ちょっと濁っていた。確実に安全な水ではないのだろう。そして酒に混ぜればアルコールの力で安全度が増すのではなかろうか。

初めて酒飲み民族の生活を目の当たりにして興奮した私は、親子が寝泊まりしている小屋にも行ってみることにした。酒の素である「酒母ソカテタ」もそこに保存しているというからだ。

ダンナベ親子に御礼を言って別れると、また車まで歩いて戻った。それから車でアルバミンチ街道をまた南へ戻った。ホルテ村よりだいぶ手前で車を降りて、あとはニブレット王女の案内で、歩いて山を登る。山の斜面は街道から何度も見たデラシャの段々畑だ。段々畑といっても、ここではコンソのように畑の面をきっちり水平に保っていない。斜面をシンプルな石積みとソルガムの桿で田んぼのように四角く区切っただけだ。このような畑の中に円錐形のとんがり小屋が点在している。私はてっきり普通の住居だと思っていたが、畑の出作り小屋だったらしい。

太陽がじりじり照りつける中、小石と砂まじりの細い道を登っていく。パルショータに慣れてきたのか体が軽い。D岩木君はコンソで山を登ったとき同様、辛そうである。

汗をかき喉も渇いてきたが、水を飲むのを我慢した。なるべくデラシャの人たちの生活に自分を近づけたかったし、なにより小屋に着けば酒があるとわかっていたからだ。

三十分ほど山を登り、背後を振り返ると絶景だった。昔話のようなデラシャの畑ととんがり屋根の家、その向こうには周囲を密林に覆われたチャモ湖が光り輝いている。

小屋は畑の真ん中にあった（「はじめに」の写真参照）。牛が二頭、それにロバが一頭つながれていた。家の中にはニブレットの妹であるウレタネシがいた。彼女は前日の朝、村の家から酒母ソカテタを運んできたという。外につないであるロバに乗せて二時間歩いてきたそうだ。

なるほど、ちゃんと補給部隊がいるのだ。彼女は鳥追いをしている親子（彼女にとっては兄と甥っ子）のために新しいパルショータを仕込んだところで、もう仕事が終わって帰るという。

小屋は広く、五、六人はゆうに寝られる。実際、ここの人たちが寝るときに使う牛の毛皮の敷物もそのくらいの数が壁に吊されていた。

私たちが汗を流しながら腰掛け代わりの丸太に座ると、ウレタネシはすぐに酒母ソカタテに水を注いでかき混ぜてパルショータをつくり、ヒョウタンに注いで出してくれた。初めて「喉が渇いたので水分がほしい」と思ってパルショータを飲んだ。旨い。なんだか、どんどんこの酒が旨く感じるようになってきた。

小屋にはプラスチックのバケツが三種類置かれていた。

A＝古くて少し酸っぱくなった酒母ソカテタ
B＝Aより新しい酒母ソカテタ
C＝今、仕込んだばかりのまだ発酵が浅い酒母ソカテタ

私たちがもらったのはいちばん飲み頃のBである。

村の家では味噌的発酵物シュッカを異なった段階で保存していたが、ここでは酒母ソカテタを異なった段階で保存している。でも、目的は同じで、酒を一時たりとも切らさないようにするためだろう。

小屋の周囲にはソルガムの他、豆、パパイヤ、ミント、トウガラシなど、デラシャには珍しく、バラエティ豊かな食材が各種植えられてあった。そして、なんとカートの木も。

ここは酒とカートがいつでも手に入り、本当に天国だ。枝つきの葉をちょっといただく。柔らかくて赤みがかった葉をむしって口に突っ込む。渋みが心地よい電気となって体のすみずみに伝わっていく。酒とは別の快感である。そして、カートを噛むと、目が覚める。

妹はロバに薪を積んで村に帰っていった。私たちも帰路についた。

たどりやすい道を慎重に下りていくと、途中でヤギ追いの子供たちに出会った。十歳ぐらいだろうか。彼らが持っているペットボトルの中身を味見させてもらうと、見事に三〜四パーセントのパルショータだった。彼らの持ち物はこれだけ。つまり、酒がこの子たちのお弁当にして水筒

というわけだ（カバー写真参照）。

誰も彼も酒を飲んでいる。パルショータは食事と水を兼ね備えたスーパードリンクなのだ。酒は煮炊きする必要がなく、一日、陽にさらされていても傷まない。好きなときに好きなだけ飲める。仕事中にはこれ以上便利な飲食物はない。

ここなら手ぶらで山を歩いても全然問題ないと思った。出会った人にパルショータを飲ませてもらえばいいのだから。

車に乗ってまた山を登り、高地の村へ帰った。コンソとデラシャに来て以来、初めて空腹感をおぼえた。そして「パルショータが飲みたい」と思った。私の体はようやく（早くも？）パルショータを「食料」として認識しはじめたのだろうか。そしてその願いは家に戻ると簡単に叶えられた。「家に帰るとまず酒」がここの習慣だからだ。

私は午後、自室で記録をつけることに集中していたが、その間も家の敷地で撮影を続けていたD岩木君によれば、日曜日のせいか来客が多く、中にはへべれけのおじさんもいたという。それにソイガ母さんと長男ダンナベ夫人のケトナはずーっと酒を飲み続けていたという。「いやあ、よく飲むな～って思いますよ」と彼も感心していた。いくらでも酒を飲めるという酒豪の彼が感心するならよっぽどだ。

やはり、これまでは私たちに若干気をつかって（あるいは「体裁」をつくろって）、固形物を多めに、酒を少なめにしていた可能性大だ。

改めて嬉しさがこみあげる。幻の酒飲み民族が実在したことに。
ここもまた、コンソと同様、いやそれ以上に異次元の星だったのである。

6 地下銀行「ポロタ」

これまでは時系列で旅の様子を書いてきたが、あまりにも同時多発的にいろいろなことが起きるので、今後はテーマ別に書くことにしたい。そちらの方がわかりやすいと思う。

まず酒を主食とする人々はどんな環境で生活しているのか。私たちが見たのはアルガイ村だけで、それも多くを見たわけではないが、それでも村の様子はなかなか面白かった。

この村は山の北側の斜面に広がっている。タファセ氏によると約百世帯。一世帯の敷地はかなり広い。ドローンを飛ばしてみたら、山の上の方から下の方まで一キロ以上にわたって、円錐屋根の小屋をいくつも持つ敷地が切れ目なく続いている様子が見えて壮観だった。

私たちがステイしているタファセ家はちょうど村の真ん中あたりに位置する。巨大な村は細い山道のような通路で縦横無尽に結ばれている。コンソみたいにきちんと石積みされたりはしていないものの、それなりに整備されている。

タファセ氏の家からアップダウンの激しい山道を十分ほど歩くと、巨木が生い茂る深い森に出て驚いた。たかだか直径百メートル程度の小さな森だが、そこだけはコンゴの熱帯雨林を思わせる。

どうやらデラシャの人たちが切り拓く前は、この一帯はこのようなジャングルだったらしい。考えてみれば、ここから十キロ程度しか離れていないチャモ湖の周囲も深い森だから、不思議ではない。

デラシャの人たちの祖先（おそらくコンソの人たちの祖先も）はもっと強大な遊牧民に追われてこの土地に来たとされているが、そもそも遊牧民が使用できない森を農耕民の彼らは利用できたという見方もできる。森を焼き払うとその灰で土地は肥えるから、そこでソルガム栽培を始めたのだろう。それにしても、広大なジャングルが今のまるではげ山のような畑に変貌したとは改めて驚く。デラシャの土地はコンソ同様、自然がほとんど残っておらず、人工的に開発し尽くされている。デラシャ人も容赦ないデベロッパーなのだ。

この極小ジャングルは周囲に鉄条網が張り巡らされており、入口には鍵のかかる扉がついていた。ふだんは鍵がかかっていないから自由に出入りできるが、夜間などは施錠されるのかもしれない。まるで「聖域」のようだ。

理由の一つは誰かが木を勝手に切らないように、もう一つの理由はこの中に水場があるからだ。どこから水が湧き出ているのかよく見えないほどの小さな湧き水がたまっていた。一口飲むとぬるくて軟らかい。このぬるさから察するに地中深く流れている水ではなく、あまり清らかではなさそうだ。湧出量も少ない。この水をすくってポリタンク一杯にするには相当時間がかかるだろう。ここも決して水が豊かな村ではないようである。だからこそ、安全で長時間もつ酒が重宝されるわけだ。

もし森が残っていたらどうだったのだろうか。森には貯水能力があるからもっと水に困っていなかったのかもしれない。自ら水源を減らしてしまったことが、彼らが酒に依存する食生活に進んだ一つの理由かも……などと妄想してしまった。

水場からの帰り道では、もう一つ、デラシャ人の——正確にはタファセ氏の——デベロッパー精神を垣間見た。酒場である。

小さな小屋に木のベンチが並んでいる簡素なバー。二十歳前後の息子二人と他のスタッフの若者が一人いた。酒は市販のウーゾとミント味のジン。さらにソルガムとトウモロコシの手作り焼酎アラーケ。店の前にはビール瓶のケースも積まれていた。ここではパルショータを出さず、あくまでも町から仕入れたビールもしくは蜂蜜酒か蒸留酒を出すという。デラシャの人にとって、パルショータ以外の酒が「気晴らしや娯楽の酒」ということなのだろう。

このバーがタファセ氏の主な収入源かと思いきや、最大の収入源はカートだという。バーの脇に畑があった。息子の一人が葉っぱを摘む様子を見せてくれた。一つの木から一本か二本の小さな若い枝を折り取る。少しずつ取るのだ。十数本の木をまわって、長さ五〇センチくらいの枝を集める。それを三人の若者たちが枯れた葉や余計な枝を取り除いて、整える。フラワーアレンジメントのようだ。

タファセ家で若い男子の姿をあまり見かけないのは、一つにはこのバーとカート畑が理由らしい。要するに昼間はカート畑、夜はバーで仕事をしているし、休憩や寝泊まりもバーの小屋がある。酒母ソカテタを定期的に家から運んでくれば、食料にも困らない。面倒な煮炊きをしないで済む主食酒は便利だ。ここは若い男子だけで気楽だろうし、家に帰る理由があまりないのだろう。ここの若者たちはイケメン揃いで、細マッチョ。ストレートの男性である私が見ても惚れてしまいそうな凜々しさだ。酒ばかり飲んでいてこんな容姿になるのである。

彼らの細長く優美な指により、カートのかたくて古い葉が取り除かれると、やがて明るい緑と深みのある赤が混じった美しい束となった。百ブルと交換にこれをいただく。動いているときはいいが、記録をつけようとすると、寝不足のあまり強烈な睡魔に襲われる。だからカートは必需品だった。

タファセ氏は一九九一年にこのカート畑を始めたという。エチオピアでは近年カートの国内需要が爆発的に増え、また輸出の総額としても今やコーヒーを上回ると聞いたことがある。輸出先はほとんどソマリランドとジブチとソマリア（要するにソマリ人の国）だろう。こんなソマリエリアから遠い土地でも三十年前には栽培が始まっていたとは知らなかった。

カート栽培を行っているのはタファセ氏だけではない。その後、村を歩くと、そこかしこにカートの畑を見かけた。

しかし、真のデラシャの村の名物は別にある。

デラシャは酒を主食とする世界でも稀な民族だが、実はもう一つ不思議な習慣をもっている。地面に大きな穴をあけ、そこにソルガムやトウモロコシといった穀物を貯蔵するのだ。これをデラシャ語で「ポロタ」と呼ぶ。砂野さんによれば、人類史的には地下の貯蔵穴は珍しいものではないが、温度と湿度の管理が難しく、害虫やカビなどがはびこってしまうため、今では世界的に見てもデラシャの他は、エチオピア・ハラリ州とスーダンでソルガム用の貯蔵穴が利用されるだけだという。

実は私はソマリアで貯蔵穴を見たことがある。そこに住んでいた氏族（部族）が穀物を貯蔵していたのだが、イスラム過激派の武装勢力がやってきてその氏族の人たちは逃げてしまった。すると、別の氏族がそれをいいことに貯蔵穴を暴いて穀物を略奪した。イスラム過激派が暫定政府軍に敗れて去ったあと、戻ってきた氏族はそれを発見して激怒、今度はその二つの氏族同士で抗争が始まった……という事件の取材現場でのことだった。砂野さんによると、デラシャのポロタは「深さ約二メートル、最大直径一・五メートルのフラスコ状」という。私がソマリアで見た貯蔵穴はそれより一回り小さかったように記憶する。

デラシャの人たちにとって最も大事なものはパルショータとポロタだと思われるとのことだし、なにしろこの貯蔵穴があってこそ、彼らがいつでも酒を飲むことができるというから、一度見ておきたかった。

「お宅のポロタを見せてほしい」と言うと、無口なタファセ氏は黙ってうなずき、短いスコップを手にして、儀式に赴く国王のようにずんずん歩いて行った。ニブレット王女と私たちがそれに続く。教会を通り、車道を渡ると、また細い村道を歩く。一〇〇メートルぐらいの地点で立ち止まった。何の変哲もない小さな畑だった。ソルガムの若い葉がちらほらと伸びている。意外と見晴らしのよい場所で、遠くに青いチャモ湖がくっきりと見えた。

え、ここ？　何もありそうにないが……。

タファセ氏が何か指示し、ニブレット王女がそれに従う感じで雑草を手で抜いてきれいにすると、小石が四つか五つのせられた、小山のようなものが現れた。庭の片隅につくったペットのお墓みたいだ。

これがポロタなのか――。

外部の人は絶対に気づかないだろう。同じ村でもごくごく近所の人しか知らないかもしれない。実は一メートルも離れていないところに二つ小山が見えた。「ここは日当たりがよく、土地が乾いているからポロタ作りにいい」と言う。

面白いことに、畑の所有者はタファセ氏と何も関係がない。親戚でも友人でもない。また、他の二つのポロタも同様に、無関係の人のものだそうだ。砂野さんによれば、ポロタは特殊な地層の場所にしか作れないため、誰の土地であっても希望すればポロタを作って構わないというしきたりなのだという。

このタファセ氏のポロタが作られたのは彼の祖父の代だそうだ。

タファセ氏は近所の少年二人を呼んで仕事をさせた（あとで小銭を渡していた）。少年たちはスコップとやりのような道具で穴を掘っていく。まるで宝探しのようだ。いったい何が出てくるのか想像がつかない。

三〇センチほど掘ると、両側に石積みが現れた。地中に井戸が埋まっているような印象だ。さらに掘り進め、少年が中にしゃがみこんで手で土をどけていくと、白くて丸い石の板が見えた。ちょうどマンホールの蓋みたいな感じだ。これがポロタの蓋だという。こんな構造になっているのか。

彼がパカッと蓋を開けると、びっくりした。てっきり深い穴がぽっかり口をあけていると思いきや、なんとトウモロコシがびっしり詰まっていた。入口の大きさはたった直径三〇センチほどである。

幅一・五メートル、深さ二メートルという巨大な穴に入口までトウモロコシが詰まっているとは。「デラシャ地下銀行だな」と思わず呟いた。究極のタンス預金でもある。

ニブレット王女は半分に切ったヒョウタンで四杯分、トウモロコシをすくって持参したカゴに入れた。この家では月に一回くらいの頻度で、この地下銀行から穀物を引き出しているという。タファセ氏は他にポロタを二つ持っているが、ソルガムはちょうど今が収穫期の直前なので、ソルガムの預金はゼロとのことだった。

トウモロコシはヤギの革の袋に移し替え、長男ダンナベの息子の一人が家に持って帰った。

それにしても、こんなにぎっしり詰まっていると、毎回いちばん上の部分から引き出していくことになり、最初に埋めた穀物を取り出すのがいちばん遅くなってしまう。冷蔵庫にしまった食品を手前から使っていって、奥の棚に入っている食品が傷んでしまうという失敗をくり返している私は心配になったが、「大丈夫。いちばん古いものは四、五年前のものだけど何も問題ない」とのことだった。うちの冷蔵庫とは比べものにならないほど上等な作りなのだ。

埋めるときは早かった。蓋の周りを泥でしっかり固めたあとは土で埋めていくだけだ。あっという間に、ただの畑の脇の盛り土となり、風景の一部と化した。

ポロタのことを私は単純に原始的な貯蔵用の穴程度に考えていた。でも実物ははるかに洗練されたものだった。

砂野さんの調査によれば、玄武岩質の土壌に作られたこの貯蔵穴は空気を通さないため、穀物をしまっておくと、その穀物が酸素を吸い取り、中は無酸素状態に近くなって、雑菌や虫が発生しないのだという。

ポロタの利点は二つある。一つは外部の人に気づかれないこと。もう一つは穀物を長く保存できること。

デラシャやコンソといった民族はときおり村同士あるいは他の民族と武力闘争を行うがその際、ふつうの貯蔵庫なら抗争が起きたとき、たやすく略奪にあってしまうだろう。また、ここの人たちは相手を殺傷するよりも、家や村を焼くことに熱心だという。そのとき、地上に貯蔵の倉があれば一緒に焼けてしまうが、地下の穴なら火災を免れるし、同じ村に住む人にすら場所の特定が難しいので私がソマリアで見たような略奪の恐れも少ない。

四、五年もふつうに保存がきくなら、一年や二年、不作であっても生き延びることができる。

デラシャ人の隣に住む（エンセーテを食べる）アレ人はエンセーテ以外にもソルガム、トウモロコシ、豆類など多様な作物を作って食べるという。コンソ人も畑ではソルガムとトウモロコシ、イモ類、豆類など多彩な穀物や野菜を混作している。

いっぽう、デラシャ人は基本的にソルガム一辺倒だ。このアルガイ村もしくはタファセ氏はトウモロコシも同じくらい作っているみたいだが、どうやらそれは最近の傾向で、ちょっと前まではソルガム栽培に専念していたらしい。一つの作物に頼るのはリスキーだ。天候不順や病気、害虫などの影響をもろに受けてしまう。取引先が一つしかないとそこが倒産したら自分の会社も潰れてしまうから、取引先はたくさんあった方がいいのと同じだ。

でもデラシャの人たちもちゃんとリスク管理を行っていた。まず同じソルガムの中でも性質や味の異なるさまざまな種類の品種を植えている。そして、なによりもデラシャには地下銀行がある。何か不測の事態が起きてもそこから預金を引き出して凌ぐことができる。そしてその銀行はひじょうに信頼がおけるのである。

デラシャのことを酒飲み民族などとお笑いめいた口調で書いてきたが、実際にはちがう。ひじょうに高度に洗練された生活様式をもつ人たちだと改めて感じ入ったのだった。

7　素に近づくと素面でなくなる

何がデラシャ人の「ふつう」なのかわからないという悩みは前に書いた。でも、そもそも「ふつう」なんてあるかどうかわからない。例えば、日本の昭和二十年代、八王子市北野町（当時は由井村）の農家であった私の父の生家では、藁葺き屋根の家に住み、牛で田畑を耕し、ヤギの乳を飲み、味噌や漬け物を自作していた一方、家族はひじょうに読書好きだったという。でも、それが当時の由井村の農家の「ふつう」と言えるかどうかは別問題だ。珍しくはなかったかもしれないが、どこの家もそうだったわけでもないだろう。

私がかつて訪れたミャンマーのワ州も村によって、雰囲気や服装、生活様式が驚くほどちがったものだ。すごく熱心にアヘンを作っている村もあれば、なぜかアヘンを全然作っていない村もあった。

おそらくデラシャも同じで、村や家によって差はかなりあるだろう。でも、少なくともこのタファセ家でのふだんの生活、言い換えれば「素」の姿を見てみたいと思った。もちろん、それはなかなかに難しい。昭和二十年代の父の家に外国からテレビクルーがやってきて住み込んで撮影することを考えれば容易に想像がつく。それ自体がふつうでないのだから、家の人たちがふつうに振る舞えるわけがない。

それでも時間とともに、タファセ家の人たちの態度や雰囲気は変わっていった。

まず、私たちはガイドのヨハネスに、家に来るのを遠慮してもらうよう頼んだ。おかげで家の人たちは明らかにリラックスした態度になった（その代わり、通訳がいないので、事情がわからないことも増えたが）。

この家ではなぜか男性の存在が希薄だ。酒場に寝泊まりしている若者たちもいれば、長男ダンナベとその息子のように遠くの畑に出張している人たちもいる。また、少年たちの中には学校へ行っている子もいれば、早朝からヤギを放牧に連れて行っている子もいる（学校へ通うかどうかの基準はよくわからない）。十歳ぐらいまでの男の子は私たちと一緒に食事をするが、それ以上になると食事の場に出てこない。

一家の主であるタファセ氏は最初こそ私たちと一緒に食事をしていたものの、いかにも居心地がよくなさそうだった。それは成人女性（以下、「女性」）や未成年の女子（以下、「女子」）も同じで、お父さんがいると口数が少なく、しゃちほこばっている。お父さんと女性・女子が極力、目を合わせないようにしているのは、昭和の日本の家庭を連想させる。

二日目の夜になると、タファセ氏は夕食が始まって十分あまりで席を立ってどこかへ行ってしまった。お父さんがいなくなると、女性・女子はホッと息をつき、見違えるほど楽しげになった。

みんなでお喋りをしながら、延々とパルショータを飲んでいた。驚くのは長男ダンナベ夫人のケトナが五歳の娘ティアンにもヒョウタンの器から酒を飲ませていたこと。もしかしたら嫌がっているのを無理に飲ませているのか？　と思ったらそんなことはなかった。私がティアンの口にヒョウタンをあてがうと、彼女は自ら進んでごくごく飲んだからだ。

五歳でも酒が美味いらしい。

ヨハネスがいなくなったおかげで、ニブレット王女は別人のように私たちに愛想がよくなった。私が訊けば（あるいは訊かなくても）「これはデラシャ語でこう言う」と教えてくれるばかりか、私の肩に手を回して、カメラを回すD岩木君に向かってピースしたりする。他の女性・女子たちも王女の態度にならうように、私に群がってきて、一緒にカメラに写ろうとする。

やがて、彼女たちの愛想のよさはヒートアップしてきた。自分たちの首飾りを片っ端から外して私の首や頭にかけて大笑いしながら一緒に写真を撮ったり、「もっと飲めよ〜」と酒を無理強いしたり。首飾りのいくつかはサイズが小さくて、私の頭に引っかかるのにおかまいなしに押したり引いたりして、痛くてしかたない。完全に私は彼女たちの玩具になっていた。王女とその一行に嫌われるのは困るけれど、愛されるのもラクではない。

いずれにしても、都会人と一家の主が消えると、そこは女性・女子の世界だった。

その翌朝もそうだった。私たちが寝床としている作業小屋の二階で私が記録をつけていると、窓から女性たちが顔をのぞかせ「アシャナ（おはよう）」とにこやかに挨拶してくるし、子供と若者は遠慮なく部屋に上がってくる。ここはもともとニブレット王女とその姉妹の部屋で、子供と若者のクローゼット兼ロッカールームでもあった。この村には電気が通っていないにもかかわらず、太陽光発電によるバッテリーがこの部屋にあり、みんな、携帯電話（ほとんどがガラケー）を充電していた。（なぜか、夜中も携帯がひっきりなしに鳴り、それも私たちの浅い睡眠をさらに妨げていた）。

ニブレット王女をはじめとする十代から二十代前半の女子たちは、驚いたことに、私とD岩木君の前で着替えもしていた。三畳間ぐらいの場所だから目のやり場に困るが、女子たちは全く意に介していない。

ニブレット王女にいたっては、私があえて目を伏せて気づかないふりをしているのに、「タカノ！　アシャナ！」と呼びかけて、こっちと目が合うとニコッと笑ってから脱いでいた。もちろん見せたいわけではなく、私たちを男性として意識していないのである。もしかしたら、昨晩の女子会の「洗礼」で、私たちは「名誉女子」扱いになったのかもしれない。

着替えて彼女らはどこへ行くのか。前述したように、男子はあまり見当たらず、一部は学校へ行き、一部は放牧へ出かけている。女子の方が学校に行っている人が多いように見えるが、単に男子は酒場から通学しているだけかもしれない。

朝晩の食事風景も変わってきた。

最初の二日間は、食事前と食後に全員が誰かが用意した水で手を洗っていたのに、三日目からは誰もそんなことをしない。ソルガム団子が板皿に載せられてくれば、そのまま手づかみで食べていたし、食後は板皿の上で手を洗い、そのあとで板皿自体も洗っていた。ざっくばらんだ。

家の人たちは、ふだんの生活を取り戻すにつれ、パルショータを飲む量も増えているように感じる。

三日目までは朝は酒を飲まないか、飲んでも少しのように見えたが、四日目になると、朝から女性たちがえらく楽しげに酒を飲んでいる。

ニブレット王女は休暇を終えて今日から出勤とのことでバリッとした制服姿で現れた（制服は別の部屋で着替えたらしい）。まだ二十二歳というのに、もう警察署長のような貫禄である。スタイル抜群の彼女はその姿でヒョウタンの器を手にして出勤前に酒をぐいぐいと飲む。こんな警察官は世界のどこにもいないだろうが、これがまた格好よくて見とれてしまう。

一方、十二、三歳以下の子供たちはあまり酒を飲んでいないようだ。ヤギの放牧に出かける十歳の少年がベージュ色の液体の入ったペットボトルを携えているので中身を改めさせてもらったところ、パルショータではなく、甘酒的「カララ」だった。

なぜ、畑で鳥追いをしていた七歳が四～五パーセントの酒を飲み、十歳のこの子が甘酒なのかはわからない。大人と子供が一緒に畑に出るときは、二種類のドリンクを用意するのが面倒でパルショータのみになりがちなのかもしれない。

家の人たちがどんどん「素」に戻り、十二、三歳以上の女子・女性の酒量が増えていくのと比例するように、私も加速度的にここの生活に慣れてきていた。パルショータを飲む量が明らかに増えているし、水を飲まなくなった。

コンソの村、それから低地デラシャのホルテ村、それからこの村に移った当初は、酒を飲むと無性に喉が渇いた。気温が高くて乾燥していることもあり、キャンプから届けられたペットボトルの水をガブガブ飲んでいた。寝床の周りは空きペットボトルがどんどんたまっていった。「村の人と同じ生活をする」などと偉そうに宣言しつつ、実態はこうであった。喉の渇きには耐えられない。ところが、徐々に水を飲まなくなってきた。

それにはっきり気づいたのはこの村に来てから四日目。

「高野さん、水、飲まなくなりましたよね」とD岩木君が感心するように言った。彼の枕元には空きペットボトルが山のようにたまっているのに対し、私のところには飲みかけのボトルが一本あるだけ。水を飲む量が減っているとは思ったものの、これほど飲んでないとは思わなくて、自分でも驚いた。この頃には喉が渇くと、パルショータを飲めば済んでしまうようになっていた。

コンソ入りから通算して約十日。このときは「やっと酒中心の生活に慣れてきたか」と思ったが、よくよく考えれば、ものすごい適応力である。私の体は、脳（精神）が命じなくても、自動的に「酒から水分がとれるじゃん」と体内の消化吸収システムを組み替えているのだろうか。

体調はというと、……素晴らしくいい!!　コンソ初日の危機を乗り越えてからこの十日あまりは、ここ十年でいちばんと言っていいほど調子がいい。しかもどんどんよくなっている感じがする。

私はふだんから朝食をとると満腹感と同時に強烈な眠気と疲労感に襲われるのだが（自宅にいるときは朝食後に寝てしまう）、こちらに来てからそれがない。ソルガム団子を数個つまむだけで後はコーヒー茶とパルショータのみ。固形物は胃腸に負担がかかっていたんだなと改めて感じる。四つ木の「リトルエチオピア」の店主が言っていたとおりだ。しかもパルショータは酒だからとても気分が上がる。朝酒だから当然だ。

パルショータは濁り酒なので、一度にそれほどたくさんは飲めない。そこそこ飲むと満腹ではないけれど「満足」してしまう。放っておけば、すぐに腹が減るはずだが、ちょくちょく呼ばれて酒を差し出されてそれを飲むから空腹には至らない。つまり、常に「空腹でもなければ満腹でもない」という理想的な状態にあるのだ。一つ困るのは朝食から一時間か二時間すると酔いが回って眠くなること。前にも書いたように、私は虫のおかげで睡眠時間が極端に短くなっていて、しかも暇さえあればノートに記録をつけている。この作業は眠くなる。私の対処法はそのままガックリと崩れ落ちて仮眠するか、ヨハネスが差し入れしてくれるカートを噛むかのどちらかだ。ただ、体を動かしていれば――見るもの聞くものがいちいち面白いこともあって――さほど眠くならない。

でも、果たして自分は一体、どのくらい酒を飲んでいるのだろうか？

五日目の昼間、時間ができたので、私とD岩木君はそれを計ってみることにした。幸い、パルショータはいつでも手に入る。というか、この日、タファセ氏夫人であるソイガ母さんとタファセ氏のイトコであるプズナシおばさんは朝からずっと飲み続けていて、ご機嫌だった。

私たちの顔を見るなり、「ウケ、ウケ（ほら、飲みなさい）」とパルショータのヒョウタンを勧める。つまみのバルバレ（トウガラシのたれ）はないの？　と訊くと、石臼を持ってきた。表面がちょっと濡れているだけでバルバレは見当たらない。不審な顔をしたら、おばさんたちは「こうするのよ！」と石臼の濡れた表面を指でぬぐってなめた。真似すると、たしかに辛みがかすかに感じられる。なるほど、日頃はこのように慎ましい「酒のアテ」で飲んでいるのか。これもまたこの家の「素」である。

二人のおばさんは私たちの世話をせっせと焼く。特に童顔のD岩木君は完全に子供扱いだ。

D岩木君は二日前、体調を崩していた。標高二〇〇〇メートルぐらいの場所を取材に訪れたあと高熱を発して倒れたのだ。胃腸もおかしくなっていた。「前に富士山を取材したときに高山病になったんですが、そのときとそっくりです」と言う。そんなときのために日本から持ってきて温存していたカップヌードルを食べたら今度は猛烈な下痢に襲われた。

「ぼくも胃腸が酒に慣れちゃって固形物を受けつけなくなってるのかもしれないです」と彼はうめいた。

幸い熱は一日で下がったものの、まだ本調子ではない。それを知っている女性二人は「こうするとよくなる」と彼の頭から冷たい水をぶっかけた。ひーっと悲鳴をあげるD岩木君。

さらに彼が体中の虫刺されをぼりぼり掻いていると「掻くともっとかゆくなるからやめなさい」と手をつかんでとめ、彼が長椅子の端に座ろうとしてコケそうになると、「真ん中に座りなさい」というふうに手を引っ張り、しまいには彼が片手でカメラを持ちながらおぼつかない手つきでもう片方の手でヒョウタンをつかもうとしていたら、「カメラが落ちそう。もっとちゃんと持ちなさい」と身振り手振りで指示する始末。

TBSのベテランディレクターがカメラの持ち方をここの村の人に指導されているのを見て、私は腹を抱えて笑った。

民族や国籍のちがいも、受けてきた教育ややっている仕事のちがいも全然感じられない。お互い酒を飲んでいるせいだろうか。

それにしても、二人の女性は飲みすぎだ。次第に世話焼きを逸脱し、私たちの邪魔をしはじめた。

私たちはパルショータをグラスに注いで、撮影しようとしていた。いつもヒョウタンからじかに飲んでいるので量がわからない。グラスに入れれば、村の人たちや私が一度にどのくらい飲んでいるのかも推測できるはずと思ったのだ。

ところが、グラスに入れた酒をプズナシおばさんがパッと奪って飲んでしまう。

「ダメだよ、飲んじゃ。今撮ってるんだから」と思わず日本語で言うと、「大丈夫、大丈夫、まだたくさんあるから」という口調でヒョウタンからグラスにドバドバ注ぐおばさん。すると、それがこぼれてカメラにかかる。「ああっ、カメラが濡れる！」と叫ぶD岩木君。それを見て、手を叩いて笑い転げる二人。

「パルショータは食事なので酒ではない」「パルショータを飲んでも酔わない」と主張するデラシャの人たちもいるが、実際には量を飲めばちゃんと酔うし、振る舞いは見事に酔っ払いのそれになる。

女性たちの妨害をかいくぐりながら、酒をグラスに注いでみた。思ったよりどろどろしている。「アルコール入りのバナナジュースみたいですね」とD岩木君。たしかにそんな感じだ。

パルショータは一度にたくさん飲めない。少しずつ飲む。では一回につきどの程度、飲んでいるのだろう。本当は村の人が飲む量を計測したかったが、今目の前にいる二人に協力を求めることは困難。そこで私自身がふだん一回で飲む量を計ってみたら、二〇〇ミリリットルのグラスの三分の一か四分の一くらいだった。つまり五〇～六〇ミリリットル。意外に少ない。私はグラス一杯も簡単に飲めないことがわかった。パルショータはバナナジュース的な見た目と同様、ひじょうにどろどろしていて、他の酒のようにするする喉を通っていかないのだ。一日トータルで、せいぜい一～一・五リットルぐらいだろうか。

デラシャの人たちは一人、五リットル飲むらしいので、私はまだまだビギナーである。

次に改めてヒョウタンから直接飲んでみる。面白いことに、ヒョウタンに直接口をつけて飲むと、どろどろした感じがせず、ビールのように爽やかな飲み心地に思える。口をつけるとき鼻も同時に中に入り、ヒョウタンの発する植物の香りとパルショータの甘やかな風味が鼻腔に広がり、幸せな気分に満たされる。

両手で抱えて飲むというのもいい。グラス片手より面倒くさいが、飲むことに集中せざるをえないので、飲み方が雑にならず、しっかり味わえる気がする。

このまま、この家に暮らしていたら、私も五リットルぐらい飲める日が来るのだろうか。それだけ滞在できないのが残念でならない。

私たちが実験の結果を部屋で整理していたら、五歳の女の子ティアンが遊びに来た。D岩木君は子供好きで、よくティアンをかまっている。いつも、この子はとてもシャイで、D岩木君が声をかけても、はにかんで他の人たちの陰に隠れてしまうのだが、今日はちがう。

「イワーキ、イワーキ!」と彼の名前を連呼し、手をぐいぐい引っ張る。機材にも触ろうとするから、D岩木君が「ダメ、ダメ」と穏やかに叱ると、今度は私の方にやってくる。妙に馴れ馴れしい。顔を近づけたら酒くさい。私自身酒を飲んでいるのに、それでも匂うとは、この子は飲みすぎじゃないのか。だいたい、足元がおぼつかない。「おっとっと」という感じで私の腕につかまる、でも目は笑っていて嬉しそう。

すごい。五歳児なのに「へべれけのおっさん」になっている。

家の人たちは「素」に戻っていく。同時に「素面」から遠ざかっていく。

デラシャの人たちが——大人ばかりか一部の子供たちも——酒を主食としていることは間違いなさそうである。信じにくいことだが実際にそうなのだ。

そして、驚くことに、毎日朝から晩まで酒を飲んでいても、生活はちゃんとまわっていた。ほろ酔いになることはあれど、へべれけになる人は（幼児を除いて）おらず、みんな、自分の仕事をふつうに行っていて、家も畑もきちんとしている。つまり、生活に支障が出ているようには見えない。

しかしである。現代の医学ではアルコールの多量摂取は好ましくないとされている。彼らは子供の頃からずっと大量の酒を飲み続けて、健康に悪影響を及ぼさないのだろうか？

私たちがトータル一週間あまり二つの村で見たかぎりでは、特に病気の人が多いとか、発育がよくない子供が多いとかいった徴候は感じられない。むしろ、デラシャの人たちは、栄養状態がもっといいはずの首都のアムハラ人や近隣のコンソ人と比べても、男女とも体格がいい。背が高くてがっしりした人が多いように見える。

でもそれはあくまで見た目である。実は肝臓の病気や、高血圧や糖尿病といった多量飲酒につきものの病気や、あるいは免疫力の低下により他の病気にかかりやすくなっているといったことはないのだろうか？

この謎を解き明かすため、私たちはこのデラシャ地区で最も大きな病院を訪れることにした。ある意味では今回の旅の最大のハイライトとも言える。

現場の医師は主食酒をどう認識し、酒を主食とする患者にどう対応しているのだろうか？　現代医学と酒飲み民族が真正面からぶつかり合う真の異種格闘技戦を観に行くような高揚感に包まれながら、デラシャ第一病院（Derasha Primary Hospital）に向かった。

病院はギドレ市内でも最も標高の高い一角にあった。白い壁にトタン屋根という平屋の建物が温泉旅館のように複雑に連なっている。入口にある「Since 1958（一九五八年創立）」という英語の表示を見てその歴史の古さに感嘆していると、役場からアトナフとメセレの二人がやってきた。取材に同行してくれるという。

私たちは院長（ここでは英語で「マネージャー」と呼ばれていた）の部屋に通された。院長のアスマラ・アベラ博士は背丈こそ一七〇センチ前後ながらがっしりした体格。意外にもデラシャ人だった。一九八一年、ギドレ市内に近いケンディデ村の出身。エチオピアで最も古い医科大学であるゴンダル大学とアワサ大学で学位を取得。専門は公衆衛生学。この病院ですでに十二年働いているという。

院長がデラシャ人とは意外だった。私はてっきりよその民族の人が来ているものと想像していた。でもこちらの方が面白い。なぜなら、院長先生はデラシャの飲酒文化をよく知っていて偏見がなく、それでいて医学を熟知しているはずだからだ。

院長先生によれば、この病院は以前ノルウェーのミッショナリー（キリスト教団体）によって運営されていたが、二〇〇八年からは政府直営となっているという（現在も同じミッショナリーから支援を受けている）。

外科・内科・小児科・産科にそれぞれ一人ずつ、計四名の専門医と十二名の総合医がいる。スタッフは全部で二百七十名というから相当な規模だ。全員がデラシャ人だとのことで、つまりデラシャ人によるデラシャ人のための病院なのだ。これはますます面白い。

院長先生の他に、もう一人、ウォンドン・カタマというまだ二十九歳の若い先生も同席してくれた。なんと、私たちが一杯食わされた低地のホルテ村の出身だという。

さて、インタビューである。

まず、デラシャの人たちが朝から晩までパルショータを飲んでいることについて。

一般の医学的なアルコール摂取の基準値を大きく超えていると思うが、デラシャの人たちの健康状態は他の地域と比べてどうなのか？

院長先生は「アルコールが与えると一般に言われる医学的な影響についてはもちろん私もよく知っています」と断ったうえで、「デラシャ人の健康状態は他よりも良好です」と答えた。「何も問題ありません」

おお!! 心の中で感嘆した。問題ないと断言するのか。

身長や体重、筋肉量についてはどうですかと訊くと、「あなたはデラシャの人たちを見ているでしょう。彼らをどう思いますか?」と逆に訊かれた。頭に浮かぶのは背が高くて肉厚な人々ばかりだ。この部屋にいる人たちだけでもそうだ。アトナフ&メセレの役人コンビ、それにホルテ村出身のウォンドン先生は三人とも一九〇センチを超えている。院長先生もがっちりしている。

そう述べると、院長先生はうなずいた。「そうです。デラシャの人たちは周辺の民族の人たちより体格がいい。筋肉量も多い」

院長先生もパルショータを飲んでいるのかと訊くと、「イエス」。いつから飲んでいますかと重ねて訊ねたら「子供のときから」。「子供のときって何歳ですか?」としつこく問うと、「生まれたときからですよ」と先生は笑った。

院長先生自身は町のインテリ一家の出身で酒ではなくインジェラと肉を食べて育ったのかと思いきや、決してそんなことはなく、ふつうに村で酒を飲んで大きくなったらしい。

続いて、肝臓疾患や高血圧、糖尿病など、酒をたくさん飲む人がかかりやすい病気に関して訊ねると、若いウォンドン先生が「私の専門なので」と対応してくれた。

「デラシャ人にそういう病気が多いというデータはありません。私はむしろ少ないと思います」

と丁寧に言葉を選んで言う。

子供の飲酒についてはどうだろう？

ウォンドン先生曰く「特に問題はありません。少なくともパルショータが健康に被害を与えているると示唆する徴候やデータはありません」。加えて、「デラシャでは子供の栄養失調が極めて少ないです。もし病院にそういう子が来るとしたら、（隣の民族である）アレ人の子供ですね」。

こちらも問題なしか。しかも栄養失調がないという。コンソではＷＦＰ（国連世界食糧計画）の配給食料が配られていた。おそらく主に子供を対象としていたと思われる。だからデラシャでも栄養不足の子供がいると思っていたが、ちがうようだ。

デラシャでは何か特有の病気はないだろうか？

「低地と高地では気候がちがうので病気もちがいます。低地ではマラリアが多いですね。高地では腸チフスと寄生虫に感染する人（子供）が多い。でも、それらがパルショータの摂取と関係があるというデータや徴候は何もありません」

「でも」とウォンドン先生は続ける。「最近は特に低地で、高血圧と糖尿病が増えています。都市化による生活の変化ですね。肉や油をとり、車で移動してあまり歩かないという人が増えていますから」

院長先生が付け加える。「モリンガやブランゴ（エチオピアンケール）を食べていると、高血圧や糖尿病になりにくいんです」

——すごい……。

私たち日本人の取材班は医師の先生方の回答に圧倒された。

大学で医学の博士号をとった病院長と専門医が二人して「デラシャの飲酒には何も問題はない」と言い切るのだ。むしろ、最近になって、グローバリゼーションにより肉や油をとる生活になってから悪化しているという。

でも、なぜ医学的にはよくないとされている飲酒がデラシャでは問題ないのだろうか？ それに対する答えはこうだった。

「それはデラシャの飲酒が気晴らしや娯楽のためではないから。パルショータは食事です。飲むことにも慣れているんです」（院長先生）

「アルコールのとりすぎで問題を抱える人はいます。でもそれはパルショータではなく、アラーケのようなもっと強い酒です」（ウォンドン先生）

もう一つ驚きだったのは、昔と今を比較して、人々の酒の飲む量は変わったかと訊いたとき。二人の先生ばかりか役場の二人もそろって、「昔はそれほど飲まなかった。今の方がたくさん飲む」というのである。

四人の話を総合するとこうである。昔は今のようにソルガムがたくさんとれなかった。パルショータにはソルガムをたくさん使うので、一年中、毎日飲むほどは作れなかった。あるときは飲むけれど、ないときはソルガム含有量が少なくてアルコール度数が一パーセント程度の「カララ」を飲んでいたという。

ライフスタイルも変わった。昔は特別な日にみんなでパルショータを飲んだけど、今は個人がいつでも好きなときに飲むようになった。

さらにあとでニブレット王女のソイガ母さんやプズナシおばさんに訊いたら、「製粉機が来て、簡単に粉をひけるようになってからパルショータをたくさん飲むようになった」と話していた。役場のアトナフもこれに同意していた。

ただし、これは必ずしも納得できる答えとはいえない。なぜならソルガム団子も製粉機が来れば作りやすくなるからだ。それに、そもそも、この二十年か三十年かで、エチオピア全体の食糧事情は著しく改善されているはずだ。単純にソルガムの収穫量が増え、豊かになったということかもしれない。ソルガムがたくさんとれれば、主食であるパルショータも消費量が増えて当然だろう。

これ以上は、束の間、訪れているだけの私の手に余る。ただ、ここでも面白かったのは、「酒を飲む量が増えてからもデラシャの人たちの健康には何も影響が見られない」と二人の医師が強調することだった。

デラシャワールドは驚異である。現代科学の常識をはるかに超越している。

だが、本日のクライマックスはこのあとだった。インタビューが終わってから、病院内を見学させてもらったのだが、私は驚きを通り越して笑ってしまった。なにしろ、入院している患者がみんな、病室で酒を飲んでいるのだ。

非先進国の病院の多くがそうであるように、ここでは病院食というものはなく、患者の家族が病院に食事を持ってくる。そして主食が酒である以上、酒を差し入れるのは当然だ。家族がパルショータを持ってくることもあれば、その発酵の素である酒母ソカテタを持ってきて、毎食、患者自身もしくは家族がそれを水にといてパルショータにして飲むケースもある（後者の方が多そうだった）。

ソルガム団子を食べている（あるいは保存している）人は見かけなかった。ソルガム団子は調理しなければならず、そのためには火を使わなければならない。かといって、家で作ったものを持ってきたら傷みやすいし、かたくてぼそぼそしているから病人には食べにくい。その点、濁り酒は火を使わず、保存がきき、栄養満点で流動食そのものである。病院食にうってつけなのだ。酒だということを除けば。

もうこれ以上驚くことはないと思っていたのに、それでも驚いてしまったのは妊婦さんの病棟だった。敷地の一角に、一般の民家と同じ、とんがり屋根の家が四軒並んでいた。ここは切迫流産など高リスクを抱えた妊婦さん専用の病棟だという。中に入ると、一つの家（病室）に四人の妊婦さんのベッドがあった。ウォンドン先生が一人の妊婦さんに話しかけた。髪をきちんと編み込んだ若い女性だが、お腹が大きく、もういつ産気づいても不思議でないほどだった。

「パルショータを飲んでますか？」と私が訊くと、彼女はおもむろにベッド脇のバケツの蓋を開けた。中にはパルショータの濃い液体が入っていた。それをプラスチックカップに入れ、ペットボトルの水で割ると、飲んで見せてくれた。なにしろ外国のテレビカメラが回っている前なので、照れくさそうだが、飲むこと自体には何のためらいも見せない。医師も平然とそれをテレビカメラに見せている。

——いや、すごい。すごすぎる……。

改めて私の中の常識がひっくり返ってしまった。デラシャの人たちは子供の頃から酒を飲んでいると聞いていたが、それは正確な表現ではなかった。「生まれたときから」と院長先生は言ったがそれもちがう。

ここの人たちは「生まれる前から飲んでいる」のだ。なぜなら、妊婦がアルコールを摂取すれば、血液を介して確実に胎児に回るからだ。だからこそ、WHOをはじめ世界の医学界は、妊娠した女性の飲酒をタブー視している。厚生労働省のHPでは以下のように記されている。

妊娠中の母親の飲酒は、胎児・乳児に対し、低体重や、顔面を中心とする形態異常、脳障害などを引き起こす可能性があり、胎児性アルコール・スペクトラム障害といわれます。胎児性アルコール・スペクトラム障害には治療法はなく、唯一の対策は予防です。また少量の飲酒でも、妊娠のどの時期でも影響を及ぼす可能性があることから、妊娠中の女性は完全にお酒をやめるようにしましょう。

でも、ここでは妊婦は主に酒を飲んでいる。胎児も酒を飲んでいる。あるいは酒に浸っている。そんなことがあるのかとまだ信じ切れない私は、妊婦さんに頼んでそれを味見させてもらった。もしかしてこれはパルショータではなく、甘酒のカララかもと疑ったのだが、まがうことなきアルコールの味。推定四パーセントの酒だった。

デラシャ人は現代医学の常識をはるかに超えたところに生きている――。

そう実感した瞬間だった。

9　別れの固形物パーティ

高地デラシャのアルガイ村に来て四日が経った。

私たちは「お別れ会」の準備を始めた。

って、どうしてもう終わりなのか。来たばっかりなのに、と思ってしまう。

結局、コンソに四日、低地ホルテ村に三日滞在してしまったせいで、この村に四泊五日しか割けなかったのだ。短すぎる。せめてあと二週間はいたかった。

そう思う反面、「もうここから脱出したい」と思う気持ちもあった。虫の攻撃があまりにひどい。私もさまざまな辺境の村でいつも虫と戦ってきたが、ここほどすさまじい場所は稀だ。股間を中心に赤い湿疹が全身に広がり、何百箇所刺されているのかわからないほどだ。湿疹の色や形もさまざまでノミ、シラミ、ダニ、トコジラミなど、多様な虫たちが私の体を楽しんでいることが見て取れる。昼間は取材に集中しているのであまり気にならないが、夜はかゆみと虫が体を這いずるような感触に襲われて眠れない。体中をかきむしり続け、夜中の一時か二時ごろ、日中の疲れと極端な寝不足で気絶するようにガクッと眠りに落ちるのが最近のパターンだ。

D岩木君も同様である。村にたまに来るだけのC北澤さんも家の子供たちと肩を組んで一緒に写真を撮ったりしただけで虫を移されていた。

いったん外界へ出て体を治療し、虫除けのために万全の態勢を整えて、またこの村に戻って二、三週間暮らしたい――というのが私の理想だが、それこそ「虫のいい話」である。現実には今日が最後。残念だが、できることをできる範囲でやるしかない。

その「できること」の一つがお別れの宴会なのだ。私たちがヤギを一頭つぶしてタファセ家の人たちに振舞うことになっていた。お世話になった御礼をしたいというのは嘘ではないものの、実は日頃ほぼ酒とソルガム団子しか口にしない人たちが肉をどのように食べるのか見るという一種の「実験」でもあった。

まずはヤギを入手しなければならない。ヤギを売ってくれそうな人を探して、タファセ氏と一緒に村を歩く。水場の近くにヤギを何頭か飼っている人がいて、タファセ氏が話をしていたが、交渉は成立しなかった。「市場でもっと大きくて安いヤギが買える」とタファセ氏が言うので、町へ向かった。

家畜市場は牛とヤギが数頭ずついるのみで閑散としていた。茶色い雄ヤギが一頭六千ブルとのことだが、「値段が高いし、小さい」という理由で却下。タファセ家は総勢十八名＋私たち二名で、合計二十人の大世帯だ。相当大きいヤギでないと全員分行き渡らない。

村に帰ると、再び巨木のある水場の脇を通って、とある民家を訪ねた。デラシャの村には珍しく四角い木造の家で、石段の両脇にツツジが植えられているから、日本庭園そっくりの趣だが、ツツジに見えたのはカートの木であった。

家の主と交渉した結果、一万ブルで大きな黒い雄ヤギを買うことができた。家の若者がヤギに綱をつけて我々の家まで引っ張ってきてくれた。

宴会の準備は午後二時半ごろからなんとなく始まった。

これまでデラシャの村で固形物としてはソルガム団子しか見ていなかったが、この日初めて「ラコット」という新しい食べ物が登場した。新しいと言っても、これまたソルガムを練って鉄板の上で焼いただけである。直径三〇センチの薄いパンケーキもしくは具のないお好み焼き。イーストも使わないし、味付けもしない。

ここの人たちは本当に食に対する情熱が薄いなあと感心する。正確に言えば、「いろいろなものを食べたいという情熱」である。世界にはさまざまな民族がいて、似たような環境で生活しながら、いろいろな料理や食材を食べたがる民族もいれば、同じものをひたすら食べ続ける民族もいる。

例えば、私がかつて暮らしたことのあるミャンマーのワの人たちは毎日三食、モイックという雑炊を食べていた。ネギか青菜を一種類入れるだけで、味付けは塩とトウガラシのみ。いつもこれだ。しかしこれは単純に「環境に適応した結果」などではないし、彼らが食材に無知なわけでもない。その証拠に、すぐ隣に住むシャンという民族はありとあらゆる野菜、山菜、肉、昆虫を食べる。しかも調理法のバラエティも豊か。発酵食品作りも得意だ。そしてワ人はそれをよく知っている。でも決してシャン人の真似をしない。ジャガイモやナス、トマトの存在は知っているし、多くの人は村の外のどこかで食べたこともあるけれど、自分では栽培しないし、進んで食べようともしない。「われわれはモイックが好き。モイックがあればいい」と断言する。

今回私たちが訪れているエチオピア南部の人たちは完全にワ人寄りである。コンソやデラシャの人たちは酒を主食にしているだけでなく、固形物もソルガムと豆、あとはモリンガもしくはブランゴ（エチオピアンケール）しか口にせず、味付けも塩とトウガラシ程度。

ようやく新しい料理登場！　と思えば、また味付けのないソルガムパンケーキである。でもこの人たちにとってはハレの料理らしい。パンケーキをひっくり返すときにナイフを使っていた。「料理にナイフを使っている！」と私たちは一瞬声をあげたが、あくまでフライ返しとしてであった。

同じ頃、ヤギの屠畜も始まった。イースター（キリストの誕生祭）やクリスマス、結婚のお祝いといったハレの日にはヤギを潰して食べるというだけあって、ヤギを屠るのも解体するのも手際がいい。タファセ氏とヤギを連れてきた兄さんが二人でどんどん作業を進める。

足を縛って喉を切ったとき、鍋を下に置いて流れ出る血を集めた。鍋にたまった血にタファセ氏は手を突っ込んで小さな組織（肉片）をすくっては地面に投げる。すると、鶏たちが歓喜して食べていた。

組織を取り除いた血に今度はハーフヒョウタンのパルショータを注ぎ、さらに少量のアラーケ（焼酎）も加えた。これはあとで何かに使うらしく、どこかへ持っていった。

解体に入ると、通訳のヨハネスも楽しそうに参加。彼はもともとヤギ飼いだから、屠畜は得意なのだ。コンソとデラシャは彼にとってもあまりに異文化で、料理や食事のときは毎回ただ呆れたように見ているしかなかったが、今はタファセ氏らに「そうじゃない、もっとこうした方がいい」などと意見する。いつの間にか、彼らはアラーケをグラスでくいくいやり始めた。つまみは今さばいているヤギ肉。バルバレ（トウガラシたれ）をつけて口に放り込む。

「アラーケは寄生虫を殺すからいい」とヨハネス。

私もお相伴にあずかった。肉は当然新鮮ではあるものの、彼らの切り方は厚切りすぎて噛みにくい。パルショータとソルガム団子以外のものを食べること自体にも違和感をおぼえた。

肉の調理を始めたのは日が暮れてからだった。担当はこの家のマネージャー役のニブレット王女だ。台所のカマドで直径一メートルもある円形の鉄板を熱し、日本の焼肉店でそうするように、脂身でふく。鉄板が十分に熱されると市場で買ってきたひまわり油をたっぷり注ぐ。油の匂いが食欲をそそる。台所に肉とタマネギが大量に運び込まれた。

油が温まると、骨付き肉やバラ肉を中心に用意した肉の半分をドサッと鉄板にあける。あとはひたすら肉の山をかき混ぜる。

「先に塩を振ればいいのに」とイタリア料理を作るのが趣味というD岩木君が呟く。

「タマネギを先に炒めればいいのに」と主夫の私。

ヨハネス同様、私たちもこれまでは見たこともないものばかり飲み食いしてきたから、意見など持ちようもなかったが、やっと「俺ならこうする」という思いが沸き起こってきたわけだ。

でも、ここの人たちのやり方は理に適っていた。肉を少しずつ焼くのではなく、一度に大量の肉を時間をかけて焼くからだ。たしかにこの方法だと、塩やタマネギを先に入れると、水が出てしまう。残りの肉を全部投入してからようやく塩とタマネギ、そしてトウガラシを加えた。

例の大きな板皿を持ってきて、作ってあったソルガムパンケーキのラコットと、町から買ってきたインジェラを下に敷く。あくまでインジェラの上に肉を載せるというのは、エチオピアスタイルだ。

本来はこれこそがゲストを歓待する料理なのだろう。

日がとっぷりと暮れた後、宴会はゲストハウス（長男ダンナベ一家の住まい）で行われた。この家には電気が来ていないので、灯りは懐中電灯か小さい灯油のランプしかない。D岩木君が撮影用のライトをつけると、御馳走とそれを取り囲む目力の強い人たちの顔が浮かび上がった。

キリスト教徒らしく、まずタファセ氏がアムハラ語で神と私たちに感謝を述べる。続いてソイガ母さんがデラシャ語で同じようなことを述べ、最後に私が英語でこの家の人たちに謝意を述べた。いかにも公式発言のようだが、少なくとも私は本当に心から感謝していた。よく、突然やってきた外国人のテレビクルーを受け入れてくれたものだ。

そして、いよいよ食べ始める。肉はやや硬めということもあるが、噛んでいたらたちまち顎が疲れてきて我ながら驚いてしまった。コンソから通算しても酒中心の生活はたった十日あまり。その間、ソルガム団子も食べているのに、ちょっと歯ごたえがあるものはもう顎がしんどくなっているとは。

デラシャの人たちはどうか。最初こそ、ワッとものすごい勢いで手を出し、肉をラコットかインジェラで包んで口に入れたものの、早かったのは最初の一口だけ。二口目からペースがガクンと落ちた。やはり顎が疲れるようだ。無理もない。

この肉宴会でも男子の姿はない。そしてタファセ父さんはいつもと同じように落ち着かない表情で、女性たちもかしこまった様子だ。

ニブレット王女は私とD岩木君に肉をインジェラやラコットで包み、ぐいぐいとグルシャ(「あーん」)を行う。

私はこれが心底恐ろしかった。インジェラを食べてしまったらまた大変なことになるからだ。なにしろ、撮影用ライトをつけても部屋はあまりに暗くて、板皿の状況がよく見えない。そしてそこには私にとっては超危険物であるインジェラがぐちゃぐちゃに混ざっているのだ。私の珍奇なアレルギーについては家の人たちに説明して注意を喚起していたうえ、ヨハネスも気を遣って、ニブレット王女が私にあーんしようとする度に「インジェラじゃないよね?」と確認してくれた。その度に「ちがうよ、ラコットだよ」と王女にギロリと睨まれていたが。

家の人たちは想像以上に少ししか肉を食べなかった。もしかすると、ここの人たちにとって肉とは高級珍味みたいなものなのかもしれない。ちょっと味わえば気が済むのかもしれない。

ひとしきり、肉と穀物の固形物を食べると、パルショータタイム。いつもそうだが、最初からパルショータを飲まず、必ずある程度食べてから飲み始める。一つには器がヒョウタンだからかもしれない。グラスのように片手で気軽に飲めないから、固形物を食べるときと酒を飲むときで、多少は分ける必要があるのだろう。また固形物は一気に食べ、酒はゆっくり長い時間をかけて飲むというちがいもある。

一口飲んで私はホッとした。なんだろう、パルショータが喉を通るときの「ホーム感」は。とにかく、パルショータを飲むと気持ちも体も落ち着くのである。初め、「青臭い」とか「ねっとりして胃が重たい」なんて感じていたのが今となっては謎である。

パルショータを二口ほど飲むと、タファセ父さんはいそいそと席を立ち、同時に女性たちが「やれやれ」といった感じで賑やかにお喋りしたり大笑いしたりしはじめた。

女子宴会のスタートだ。私は玩具にされるのに飽きたのと、肉と油で想像以上に胃もたれしたので、早々に引き揚げた。

異変に襲われたのは（またか！）明け方である。激しい胃痛と下痢。巨人に胃腸をぞうきん絞りされているような激痛だ。まちがってニブレット王女にインジェラを突っ込まれたのかとも思ったが、彼女はかなり注意していたし、今回は吐き気がない。どうやらアレルギーではなく、急に肉と油を摂取して胃腸が驚いたらしかった。

お世話になった人たちに「実験」など試みた邪《よこしま》な気持ちに天罰が下ったのだろうか。苦痛にうめきながら敷地の隅にあるトイレに行っては部屋に戻って横たわるということをくり返していたら、D岩木君が「向こうで血を飲んでますよ！」と報告に来た。

マジか！　デラシャの人が酒でもソルガムでもないものを飲み食いしているなんて普通ではない。しかも血。となれば、見に行くしかない。体をくの字に折りながらよろよろと母屋へ行くと、ソイガ母さんとプズナシおばさんが囲炉裏で赤黒い液体を鍋で煮ていた。昨日、鍋に受けたヤギの血にパルショータを混ぜたものだった。まさか、翌日に煮て飲むとは思わなかった。ブラディマリーというウォッカとトマトジュースのカクテルを思い出す。あちらはトマトジュースを血に見立てているが、こちらは本物の血のカクテルだ。

味見させてもらう。ヒョウタンの器を口に近づけたら、傷みかけたレバーみたいな味と饐えた酒の匂いが渾然一体となった、耐えがたい臭みが鼻腔を襲ってきた。一口飲むと、匂いに忠実な味がした。すなわち、傷みかけた臓物と前日のビールの飲み残しを混ぜて煮込んだような味。

私は日本人としては（あるいは全人類的にも）、世界のさまざまな珍食奇食を最もたくさん食べてきた者の一人だと思うが、その私ですら「『二度と食べたくない地元料理選手権』があったら優勝候補だ……」と思ってしまうまずさであった。

「地獄のカクテル」、デラシャ風ブラディマリー、おそるべしである。

なにしろ胃腸に激震が走っているときなので、なおさら吐き気がつのった。慌てて口直しにパルショータを飲むと、ようやく少し落ち着いてきた。

——はあ、やっぱりパルショータがいちばんいい……。

心底そう思う。

だが、残念ながらこれが私にとって最後のパルショータとなった。もう出発の時間なのだ。

下痢止めを飲み、虫だらけの荷物をてきとうにまとめると、タファセ氏、ニブレット王女、ソイガ母さん、プズナシおばさん、その他の家の人たちに別れを告げ、村を後にした。

村を去ったあと、強烈な腹痛と下痢に苦しみながら、この波瀾万丈の旅の裏に隠された話をたっぷり聞くことになった。

まず、C北澤さんから「（低地の）ホルテ村で問題が発生している」と報告を受ける。ホルテ村は自分たちが「ヤラセ」をくり返したくせに、私たちが途中で別の村に移動してしまったことに腹を立てているという。ニブレット王女とタファセ家に客を奪われた！　と周囲に吹聴しているらしい。

フェイク家族が発覚したとき、「ニブレットだけはこの家の孫」と聞いていたのだが、それもウソらしいと私は移動直後に気づいていた。もし孫であるなら彼女の父親（タファセ氏）か母親（ソイガ母さん）の姓がホルテ村のクンバラ夫婦二人のどちらかの名前でなければいけないが、そうではなかった。もしかしたら、遠い親戚という可能性はあるものの、少なくとも直接の孫ではない（もしかしたら本当に警察官として見張っていたのかもしれない）。そこにちょっと不穏な気配を感じていたのだが、最後にその予感があたってしまった。

ＴＢＳサイド（あるいはエチオピアのコーディネーター側）がわれわれの滞在費や取材費として謝礼をどれだけ払っているか私は知らないけれど、村の人たちにとって少なくない額であるのはたしかだ。だから、自分たちが原因であったとしても恨みが残ったということだろう。あるいはもっと複雑な経緯があるのかもしれない。

われわれはコンソとデラシャの総合コーディネーターであるコンソ人のチュチュに連絡をとり、「ホルテ村へ行って問題を解決してほしい」と頼んだ。

デラシャを発つ前に、もう一つ別の裏話を聞くことになった。役場に寄り、役人のアトナフと別れの挨拶をしたところ、「家が焼かれたので少し寄附をしてほしい」と頼まれた。

なんでも、最近、役場と一部の住民がデラシャ自治区の範囲の変更をめぐって対立していた。そして、私たちが来る直前、腹を立てた住民側が役場の人間の自宅を襲い、焼き払ってしまった。アトナフは家の写真を見せてくれたが、きれいな現代的な四角い家が屋根ごと丸焦げにされていた。「あなたたちが来る前に家が焼かれてしまい、私は本当に困った」とアトナフは言う。

これについてはあとでチュチュと通訳のヨハネスにも確かめたが、本当のことだった。私たちのステイ先がなかなか決まらなかったのは一つにはそれが理由だったらしい。なるほど、自宅が焼き討ちにあっていたら、取材班の受け入れ準備どころではないだろう。

しかし、ステイ先が決まらなかったり変更になったりしたのはそれだけが原因ではない。ヨハネスが打ち明けるに、「本当は最初からアルガイ村の予定だったんだ。ただ、ニブレットの家じゃなくて別の家。それが君たちが来るちょっと前にアルガイ村と隣の村が抗争を始めて、アルガイ村の家が何軒か焼かれた。それで、この村に君たちを受け入れられなくて、急に他の村を探して、(低地の)ホルテ村になったんだ」。

なんと、もう一つの原因も「焼き討ち」だった。後にパルショータ研究の砂野さんに聞いたところ、「デラシャではよく家を焼いたり焼かれたりしてますね」とのことである。

ただ、家の焼き討ちは「よくあること」なので、解決も早いらしい。私たちがホルテ村へ入ったときにはもうアルガイ村と隣村の抗争は終わっていた。そして、たまたまニブレット王女がホルテ村のクンバラ家にいて、「自分のところで日本人たちを引き受けてもいい」と言ったので、私たちは当初予定されていたアルガイ村に行くことになった。つまり偶然が重なって元の村に戻ったのだという。

そんな話を聞きながら、私たちはコンソへ戻った。ドローンで空撮をするという作業が残っていたからだ。

一週間ぶりだったが、デラシャ滞在があまりに濃密だっただけに、まるで一年ぶりに帰ってきたかのような気がした。コンソの村の異常なコンパクトぶりやお菓子の「きのこの山」をそのまま家にしたようなマッシュルームハウスはやっぱりファンタジックである。

『銀河鉄道９９９』は目的地のアンドロメダに着いて話は終わるが、こちらの酒飲み銀河鉄道では帰路にまた同じ惑星に立ち寄るのだ。

「いや、すごいよな……」と呟いてしまった。あくまで見た目では、デラシャの村よりコンソの村の方がはるかに異世界感に溢れ、面白みがあるように感じられる。デラシャの酒食に注目が集まらないのも道理だよなと思ってしまう。

クンバラ家を訪ね、みんなと再会。とりわけ長女のアルマズは喜び、飛びつくように出てきて、私たちを順番に抱きしめた。この五日間ほどニブレット王女の言動に常にビクビクしていた私たちは、アルマズの純朴さに心底ホッとした。とても彼女たちが同じ年とは思えない。

私はアルマズに町で買ってきたスマートフォンを渡した。前にも書いたが、彼女はひじょうに気が利いて賢いのみならず、学業も優秀なのに、女子だという理由で、さらに進学したり、仕事を見つけたりすることができないでいた。

だからだろう、アルマズはチュチュを介して、私たちに「日本へ行きたい」と訴えていた。さすがに私たちにはそんな力はないし、そもそも英語も話せなければ日本どころかどの国へも行けない。でも私たちはみんな彼女が好きになっていて、助けてやりたいとも思っていた。それでまず私が個人的に彼女にスマホを買ってあげることにした。スマホがあれば、私やコーディネーターのＣ北澤さんとも連絡がとれる。Ｃ北澤さんは南アフリカでオンラインの英語講座を行っているというので、それに参加することも可能だ。

エチオピアでは中国製の安価なスマホが売られているから、町で一台購入しWi-Fi契約も結び、マチャロ村へ持っていったのである。

それまでガラケーしか持っていなかったアルマズは想像通り、とても喜んでくれた。さらに私は今後、数カ月間分の通信料を渡し、「頑張って英語を勉強してね」と念を押した。

アルマズはにっこり頷いた。

本来、ここでチャガが登場するはずだが、「今日は村でお葬式があって、酒は全部そっちへ行ってしまい、今うちには全然ない」とのこと。私とD岩木君はアルマズの後について酒を探しに行ったが、どの家にもない。結局、隣村のチャガバーまで行って、ようやく酒を入手した。

一週間ぶりに飲むチャガは正直あまり美味しくなかった。なんだか、粉っぽいうえに青臭い。不思議だ。デラシャへ移動して初めてパルショータを飲んだとき「チャガに比べて、青臭くて旨くない」と思ったのだが、今、似たような感想をチャガに対してもつとはどういうことか。完全にパルショータに「洗脳」ならぬ「洗舌」されてしまっていたようだ。ただ、客観的に見ても、チャガが「あっさり系」で、パルショータが「こってり系」であるのは間違いない。後者はモリンガかブランゴを混ぜて発酵させたシュッカ味噌を投入しているから当然濃厚なのである。

それにしても、私は自分でも呆れるほどのカメレオン体質だと思う。その場の環境に猛烈なスピードで馴染んでしまうのだ。たぶん、また一日か二日すると、「チャガの方が旨い！」と思うにちがいない。

酒の入ったポリタンクを持って家に帰ると豪雨が襲ってきた。私は慌ててアルマズと一緒に、彼女が寝起きしている家屋に避難した。と、すぐに彼女のオジでもあるチュチュが濡れながら入ってきた。

「ホルテ村でトラブルの解決をしてきた」という。

狭いのでアルマズは外に出て、しばらくチュチュと二人で雨宿り。このとき、今まで知らなかった話をいくつか聞いた。

「雨が降るのはいい」とチュチュは言う。「二〇一九年から二〇二二年は雨が降らなくてとても厳しかった」。干魃と同時に飢饉も発生した。そして、それにおそらく関係しているようだが、「二〇二〇年にはデラシャと戦争（ウォー）になった」というからビックリしてしまった。

コンソとデラシャで抗争になったというのは聞いていたけれど、隣合った村同士の小競り合い程度に思っていた。でもチュチュによれば、「コンソ軍《アーミー》が出動した大きな戦争」だったという。

そもそも「コンソ軍」とは何だろう？　エチオピアの行政では、この南エチオピア州では各民族に自治が任され、中央政府から予算が支給された自警団がある。そのことかと思ったら「ちがう」という。

チュチュの説明ではこうだ。

コンソには各氏族のリーダーと長老たちの指導下、軍隊が組織されている。軍事に長けた大人がリーダーとなり、気力体力に優れた若者たちを抜擢し、日常的にトレーニングを積んでいる。

チュチュはそのリーダーの一人。なぜなら、彼は元エチオピア国軍兵士で、若い頃はエリトリアとの戦争に出兵しているからだ。

つまり、デラシャとの戦いにコンソの常備軍（正規軍）が出動したわけだ。

今回、チュチュがデラシャのコーディネーターを引き受けたのも、どうやら一つにはそこに理由があるらしい。というのは、戦争を終えて和平を結ぶとき、チュチュがコンソ軍代表の一人として何度もデラシャへ行ったというからだ。戦争のおかげでかえって強いコネクションができたのだろう。

それにしても、コンソはやっぱり独特である。ここは確実に完結した世界を作っている。もっとコンソ軍の話を聞きたかったが、残念ながら雨があがってしまい、外に出るしかなかった。

あとで通訳のヨハネスにこの話をしたところ、「コンソから攻撃したんだ」と言う。「タカノ、君も見ただろう。コンソの土地は狭くて人口は三十五万もいる。デラシャは二十五万人で、土地は広くて豊か。そして、コンソ人はウォリアー（戦士）だ」

デラシャもコンソもそこまで人口は多くないと思うが、コンソの方がずっと多く、土地は狭くて水も少ないのは事実だろう。人口が増えれば、隣の広くて豊かなデラシャへ溢れ出てしまうというのもひじょうにありそうなことだ。

「コンソからデラシャへ行く道沿いにはそのときに焼かれた家が今でも何軒か残っていたよ。見なかったか？」とヨハネスは言った。ただ彼はこうも付け加えた。「エチオピアの南部では民族や部族（氏族）ごとの争いは日常だよ。別にここだけじゃない」

もっと言えば、エチオピア北部では南部とは比べものにならないほど大規模で深刻な内戦が行われている。ある意味では、重火器を用いた近代的な内戦より、人間を殺すよりも家の焼き討ちがメインであるこの地域の前近代的な戦争の方がまだマシとも言える。

さて、雨があがって外に出たら、あれだけ降ったにもかかわらず、庭は濡れているだけだった。雨が降ると泥沼になってしまうデラシャの村とちがい、ここは全部石畳なのだ。ある意味、日本でマンションに住んでいるようなものである。

「もう日が暮れる。出発しよう」と通訳のヨハネスがせかす。

なんとなく、まったりとアルマズらとチャガを飲んでいた私はしぶしぶ立ち上がった。コンソでもデラシャでも言葉を覚える暇もなかった。もっとアルマズやここの家族の人たちと話がしたかった。

別れを告げると、アルマズは涙ぐんでいた。

「またチャガを飲みに来てね」と彼女は言った。

今回の旅にはいくつもの裏があった。私たちがいまだ知らない裏もたくさんあるのだろう。でも一つだけ確かなのは、チャガやパルショータの生活が思ったより何倍も面白くて楽しかったことだ。それにアルマズの家やニブレットの家で本当によくしてもらったし、なによりも、誰にも後ろ指を指されることなく、しかも他の人たちとみんな一緒に朝から晩まで酒を飲んで暮らせるというのは酒飲みにとって夢の世界だった。

次回はぜひ万全の虫対策を講じて、この地を再訪したい。そして言葉を覚えながら長期間、酒食を試みたい。そう思って、帰路についたのだった。

エピローグ

ジェットコースターのような酒の旅から早半年あまりが経過した。その後について簡潔に記したい。

まず、帰国して往生したのは虫である。裸になって鏡を見ると、全身が真っ赤で、何か特別な伝染病にかかったようで自分でも鳥肌が立ったが、湿疹だらけで鳥肌も見えないほどであった。早速皮膚科へ行き、飲み薬と塗り薬をもらったらわりと早めに落ち着いてはきたものの、問題は私と一緒に日本にやってきたコンソやデラシャ出身の虫さんたちだ。衣服を洗濯したくらいでは全部落ちなかったようで、いつの間にか、寝具に入り込んでしまった。

数日後には妻の足にも赤い斑点が広がり、私は戦慄した。虫問題が家庭問題に飛び火するじゃないか！　ふつうの虫除け、ダニ駆除薬の類いは全く効かない。最終的にはシーツ、枕、毛布などを全て近所のコインランドリーで三十分以上乾燥させるという方法で駆除した。寄生虫の類いはどうやら六十度以上の高温にさらされると死ぬらしい。最近では日本でもトコジラミの被害が広まっていると聞く。ぜひ参考にしてほしい（コインランドリーによっては「ダニ退治コース」という設定もある）。

胃腸の不調も帰国後にはおさまったものの、しばらくは固形物を食べると違和感をおぼえた。胃がもたれ、食後は体そのものが重くなる。「チャガかパルショータの生活に戻りたい……」と何度思ったことか。朝、ヒョウタンで一杯やって、つまみに団子と豆をちょっとつまむだけなら身も心もどんなに軽やかなことだろう。実際、真剣に健康で長生きの人生を考えるなら、酒メインにすべきだと思うけれど、固形の食べ物にあふれた日本ではなかなかそうもいかない。

「クレイジージャーニー」の番組は私たちエチオピア取材班全員にとって衝撃だった。なぜならVTRに映ったのはコンソだけで、デラシャはほぼ全カットだったからだ。

これまで本格的にデラシャの飲酒文化を取材したメディアはなく、世界初の快挙になるはずが、結果的に制作サイドは自らその栄誉を手放してしまった。前菜だけでメインディッシュがないとはどういうことかと私だけでなく本書を読んだ方はみんな思うはずだ。原因はいろいろあるが、最大の理由はコンソとデラシャという似た二つの民族を訪れてしまったことだ。見た目ではどっちがたくさん酒を飲んでいるかわかりづらいし、絵的にはコンソの方が断然、見応えがある。しかもデラシャではヤラセのために途中で村を移ったりして、話が無駄にややこしくなってしまった。だったら、コンソに集中した方がいいんじゃないかと番組制作を統括する人たちが判断したらしい。私からすれば、「こんなに面白いネタを一回（一時間枠）で終わらせるのがもったいなさすぎる。二回に分けて放映すれば、コンソとデラシャの面白さと凄さを十分に伝えられたのに……」と残念でならなかった。なんなら、「一シーズンまるまるこの旅をやってもいいんじゃないか」とさえ思ったのだが、私はすでに裸の王様ですらなく、当然ながらそんな権限はなかった。

私は事前にD岩木君から「デラシャ全カット」の話を聞き、愕然とした。でもすでに決定事項でどうしようもないというから、せめて静止画（写真）を使って「デラシャでは子供や妊婦の人も飲んでいる」という説明を入れさせてもらった。しかし、視聴者からすれば、コンソとデラシャのちがいはよくわからなかっただろう。

結局、前にも書いたように、映像というのは一つのシーンを描くときの情報量はすさまじいものの、いくつもの複雑なストーリーを描くことが得意ではないのだ。

私はもともとコンソとデラシャの話を書くつもりではいたものの、旅行エッセイとしてさらっと書き流すつもりでいた。本一冊なんてならないだろうから、他の未発表原稿と一緒に一冊にできればいいなという程度だ。でも、番組でデラシャについてほとんど何も伝えられなかったことが私の気持ちを変えた。コンソとデラシャの旅をもっと丸ごと伝えたいと思った。

私がイメージしたのはＮＨＫの「ドキュメント72時間」である。飲食店や空港、理髪店など、さまざまな場所で七十二時間定点観測をするというもの。私は何度か見たことがあるが、けっこう面白い。ユニークなのは「一発勝負」であることだ。例えばコンビニを選ぶとき、いろいろなコンビニを撮影してその中で標準的なものを選ぶとか、何度も七十二時間撮影を行ってその中でいちばん面白いものを放映するということはしていない。ときには何も目を惹くことが起きないし、ときには異例な物語が展開する。たった三日間ではその場所の何がわかるわけでもないけれど、でもそこで映っていることは間違いなく事実であり、その場所の真実の一面を伝えている。

私の今回の旅行記もそうであるといい。たった二週間では本当のことは何もわからないかもしれないが、でも私たちの見聞きしたことは事実なのだから、それを丹念に記せば読者にその場所のリアリティが伝わるのではないか。

そう思って、出発前の空港から一つ一つ詳しく書いていくことにした。ろくでもない旅行記になったのはそのせいである。

とはいえ、一見の客である私たちには見えなかったことや気づかなかったことは多々あるはずなので、コンソと特にデラシャをよく知る人に事実確認を行った。私たちが行くまで「幻の酒主食民族デラシャの唯一の目撃者」だった新潟大学の砂野唯さんだ。私は何度もメールで質問しただけでなく、二度にわたって新潟を訪れ、最初の数時間は素面で、その後は居酒屋に場所を移して、ビールと日本酒を飲みながらデラシャについて話を聞きまくった。

すでにデラシャの調査を始めて十五年になるという砂野さんは現地では毎日一〇キロも二〇キロも歩くという徹底したフィールドワーカーであり、心底研究が好きだという本物の学者だった。同時にとてもチャーミングな人柄で、京都弁で語られるデラシャの話はそれこそ「めっちゃおもろ」くて（砂野さんは出身も京都）、たぶんデラシャの人たちからも深く愛されているのだろうと想像した。

砂野さんの話で驚かされたことはいくつもある。

まず、「パルショータはどろどろしてますよね」と私が言ったとき。砂野さんは「それ、めっちゃ歓待されてますよ。私なんかいつも末っ子が飲むようなシャバシャバのやつですもん」と笑った。

なんと、デラシャの人たちにとって、「よい酒＝濃い酒」なのだという。だからゲストや長老の人たちには濃い酒を勧め、若者や子供には水で薄くなった酒がまわってくる傾向にあるらしい。

それなら私が頑張っても一日一リットル程度しか飲めなかった理由もわかる。「シャバシャバ」なら、なかなか腹が膨れないし、度数も低いだろうから、もっと量が飲めただろう。ただ、満足度は落ちたかもしれない。最初に長期で調査に入ったとき、砂野さんは酒だけの食事で常に空腹を抱えており、こっそり家の敷地に外で買ってきた固形物を埋め、夜中に人目を忍んで掘り返して食べていたという（ふつうにかばんの中に入れておくと、家の人たちに勝手に食べられてしまうとのこと）。

私がずっと頭を悩ませていた疑問の一つに、「デラシャの人たちにとって、パルショータと固形物とどちらが好きなんだろう？」があったが、これも「デラシャの人はパルショータの方が好きです。ハワラタ（ソルガム団子）の方が好きって人には会ったことがないです」という砂野さんの一言で決着がついた。私たちがステイしていたタファセ家ではソルガム団子をけっこう食べていたし、女性たちは好きなように見えたという点については、「子供はけっこう好きだから、子供の多い家ではよく食べると思う」とのことだ。また、村や家によって習慣はけっこうちがうから「ふつうはこうだ」とは簡単には言えないという。

家によってで思い出したが、タファセ家ではお父さんにすごく威厳があって、他の家族はお父さんと一緒のときは緊張気味だったとか、男性があまり家にいなくて男女バラバラに生活していたが、砂野さんによれば、それもデラシャではあまり一般的ではないようだ。それは家によるか、あるいは世代の問題じゃないかという。タファセ氏のようにエチオピアの社会主義時代（一九七五〜一九九一年）に育った人の中には、その時代に特徴的だった権威主義的な態度を身につけている人がいるという。

いっぽうで、私の見聞きしたことで砂野さんが首をひねったこともある。一つは朝に飲むコーヒーの葉で作るお茶「シュッケタ」。砂野さんはほとんど見たことがなく、一、二度遭遇したことがあるだけだという。ふだんはもっと簡素な（コンソのそれと同じような）「ハーシェ」というコーヒー茶を飲むとのことだ。よくわからないが、シュッケタは私が直感的に思ったようにエチオピアのコーヒー道を模して作られた（でも普及していない）「新しい伝統」か、あるいは昔、一部の人が作っていたものを今になってリバイバルさせたもののどちらかであるようだ。

もう一つは、「今の方が前よりパルショータをたくさん飲んでいる」という病院の医師や役場の人たちの証言。砂野さんは十五年前から調査を始め、いちばん最近ではコロナ禍前の五年前（二〇一九年）に訪れているが、その間、パルショータの飲み方に変化は見られないというし、もっと昔（例えば三十年前とか）にパルショータがあまり飲めなかったという話も聞いたことがないそうだ。これについては真相はわからないままだ。砂野さんが次回調査に行ったときに調べてもらうほかない。

「ヤラセ事件」には砂野さんも笑っていたが、「伝統的に見せるなんて発想をデラシャの人たちがもつようになったことがびっくり」と語っていた。砂野さんが知るデラシャの人たちは自分が近代的であることを見せびらかそうとしても（例えば時計や携帯電話を持っているとか）、逆はなかったそうだ。

言われてみればなるほどと思った。他のアジア・アフリカの人たちもそうである。古い文化や習慣に価値を見出すのはよそ者や外国人であり、次にその国・民族内の知識人なのがふつうだ（日本でも明治時代、浮世絵や古寺の価値を再発見したのは外国人と彼らに習った知識人だった）。それを考えると今回の「劇団デラシャ」の真犯人はひじょうにインテリっぽかった役場の人と考えるのが妥当だ。デラシャでもインテリの人たちが中心になって、デラシャ民族の伝統を再開発し、民族意識の高揚や観光ビジネスにつなげたいという動きがあるのだろう。

砂野さんに聞いた「え、そうなんですか!?」というデラシャの話を挙げたらキリがない。興味のある人はぜひとも名著『酒を食べる』を読んでいただきたい。世界的に評価されるべき本なのだから。それから砂野さんには「主食酒」についての一般向けの本をぜひ書いてほしい。『酒を食べる』では書かれなかった本格酒民族の素顔を読者に知ってもらいたいし、私もぜひ読みたい。

私の役割としては、デラシャ（とコンソ）を世界の他の民族と比べることだろう。本文でもくり返したけれど、この二つの民族には本当に驚かされた。世界の他の地域で私が見たことのないタイプの人たちだった。

彼らは決して「遅れている」わけではない。「自然と共生している」わけでもない。コンソ人もデラシャ人も強烈なデベロッパーであり、自然を作り替え、コントロールしようとしていた。酒を主食とする食生活もやむをえずそうなってしまったのではなく、意識的につかみ取ったものだろう。その意味では現代の日本人や西洋人と同じだ。ただし、「進んだ方向性がちがう」のである。だから西洋文明が世界基準になってしまった今、「遅れている」ように見えるだけだ。

私は前から西洋文明に席巻される前は他にも進んだ文明があちこちにあったはずだと思っていたが、今回コンソ・デラシャを見たことで確信に変わった。エチオピア南部には他にもさまざまな「秘境民族」がいるが、その人たちもたぶん「進んだ方向がちがう」数多くの民族（人間の集団）の生き残りなのだろう。かつてはアフリカのみならず、アジアやアメリカ大陸、オセアニアにもたくさんいたはずのそういう独自路線というかインディーズ系文明の人々は西洋文明の侵略とともにどんどん数を減らし、あるいは同化されていったのではないか。

今現在、その反省からか西洋人は「多様性」なる概念を世界に広め、新しい価値観にしようとしているけれど、本当に多様性を理解しているのかと、ときどき疑問にかられる。

その最たるものが昨今の飲酒に対するネガティブな態度だ。二〇二三年にWHOは「アルコールは少量でも健康に有害」と明言した。砂野さんによると、「アルコールは有害」という趣旨を打ち出すことを推奨する学術雑誌が増えているという。

それはおかしいんじゃないか。デラシャの人たちの生活を見たらそうとしか思えない。まず、一言で「飲酒」と言っても、飲酒している人の食生活全体は何も言及されない。もし飲酒に害があるとしても、それはつまみに塩気の強いものや脂っこいものをとるせいかもしれない。

だいたい、イスラム圏を長く歩いている私には単純に酒を飲まない生活が健康にいいなどとは到底思えない。イスラム教徒の中には、酒の代わりに頭が痛くなるほど甘いお菓子を食べ、お茶を飲んでいるのか砂糖水を飲んでいるのかわからないようなチャイを一日に十杯以上も飲み、これでもかと油を入れた料理を食べている人が少なくない。私のイラク人の友人は「イラク人はだいたい、高血圧と糖尿病で死ぬ」と言っている。

油や砂糖のとりすぎは酒の摂取より有害なんじゃないかと思う。

デラシャの人たちは油を摂取しない。砂糖もほとんどとらない。塩分摂取も少ない。もっと言えば、固形物の摂取量が少ない。もし本当に飲酒がよくないとすれば、甘いものや脂っこいものや塩辛いものをたっぷり食べ、肉や魚もたくさん食べ、そのうえ酒を飲むからではないか。

そういう「全体」を見る視点が現代科学では決定的に欠けているように思える。

少なくとも現代科学ではデラシャ人の酒主食生活を説明することはできない。彼らは科学がまだ達していない「未知」の領域にいるのだ。西洋文明の方がこの点ではまだ「遅れている」。早く追いついてほしい。最低でも、「酒が有害かどうか」などという単純すぎる議論はデラシャとパルショータを十全に研究してからにしてもらいたい。それが多様性時代のフェアで科学的な態度だろう。

最後に一つだけ。帰国後、私はデラシャの人たちとは連絡をほとんどとっていない。親しくしていた人があまりいなかったし、ニブレット王女もスマホを持っていないので連絡する術がない。

いっぽう、コンソのコーディネーターであるチュチュと「できる長女」アルマズとは、頻繁にやりとりしている。当初、私はアルマズにオンラインでC北澤さんの英語レッスンを受けるかネット上の他の方法で英語を勉強してほしかったのだが、マチャロ村のネット状況は想像以上によくない。あるいはWi-Fiの契約の問題かもしれない。料金の高いプロバイダーや契約なら動画もつながるのかもしれない。いずれにしても、アルマズとは電話で話せることはめったにない（なぜか私がトルコやイラクを旅行中のときはビデオチャットでも話すことができた）。

もっとも、スマホでオンライン授業が受けられたとしても、語学をスマホで勉強するのは難しい（私もトライしたことがあるが、音声が悪いし、画面が小さすぎる）。最終的には、チュチュに頼んでアルマズに個人レッスンをつけてもらうことにした。チュチュは英語が達者だし、ちょうど彼は奥さんや娘が続けて病気になり「医療費が足りないからお金を送ってほしい」と私に頼んできた。そこで私は「お金は送る。その代わり、アルマズに英語を教えてほしい」と言ったのだ。彼は快諾してくれた。彼らはイトコ同士なので、男女のプライベートレッスンでも安心だ。チュチュは毎回レッスンを行うと、どんな内容の授業をやったのか律儀に私に報告してくる。テキストはチュチュが作り、アルマズはそれを覚え、半年後の今ではアルマズとチュチュはなるべく英語で話をしているとのことだ。

アルマズは週に三回ぐらい、私に「ハロー」とか「元気ですか」とか「今日英語のレッスンがあった」とか「あなたのヘルプに感謝しています」といった英語のメッセージをSNSで送ってくる。チュチュと一緒に授業を行っている写真も誰かに頼んで撮ってもらっているらしく、毎回送ってくる。

私が「今何しているの？」と訊くと、よく「チャガ飲んでいる」という答えが返ってくる。彼女がスマホを操作できるのは仕事の手が空いているときであり、それは高い確率でチャガを飲んでいるときだから不思議ではない。

「ぼくにもチャガをちょうだい！」とメッセージを送ると、「これ、飲んで」とヒョウタンに入ったチャガの写真が送られてきたこともある。そんなとき、むしょうにエチオピア南部に戻りたくなる。

でも焦ることはない。今、アルマズは写真と外国人相手のガイドの仕事も習っているという。あと一年ぐらいしたら、英語もうまくなり、私のガイド兼助手としてコンソのみならず、エチオピア南部の他の「秘境民族」を広く案内してくれるかもしれない。もちろんデラシャにも行くことができる。

エチオピア飲酒紀行はまだまだ続きそうなのである。

謝辞

本書の取材・執筆において、多くの方のご協力をいただいた。ここで御礼を述べたい。

まず、コンソとデラシャ行きの機会を作ってくれたTBSクレイジージャーニーの制作スタッフの方々。

十年近く前から付き合いのあるディレクターの加用裕紀さんには「ぜひ出演してくれませんか」と声をかけていただき、そこから全てがスタートした。

プロデューサーの長井貴仁さんはいつも飄々としながら、闇鍋状態のコーディネーター陣をなんとか統括しながら次々とふりかかる難題をさばいてくれた。

ディレクターの岩木伸次さんはろくに食事もとらず、気まぐれな私と現地の人々を追いかけて撮影しつづけてくれた。岩木さんが教えてくれたおかげで気づいたこともたくさんあった。

南アフリカ在住のコーディネーター、北澤望さんはアフリカ愛にあふれ、いつも現地の人たちとよい関係を保つことに苦心してくれた。

エチオピア人のみなさんも取材のために頑張ってくれた。現地ロケを取り仕切ってくれたグランド・ホリデイズ・エチオピア・ツアーズ、現地ガイドのヨハネス、コンソとデラシャのコーディネーターであるチュチュ、コンソのマチャロ村で泊めてくれたガマイダ家のみなさん、低地デラシャで私たちを翻弄しつつもてなしてくれたホルテ村のみなさん、高地デラシャで急遽私たちを受け入れてくれたタファセ家のみなさんには本当にお世話になった。

そして何よりも新潟大学の砂野唯さん。砂野さんがデラシャを調査研究しそれについて本を書かなければ私もデラシャについて知ることもなく、その奇跡のような主食酒を体験することもなかった。さらに帰国後、二度にわたってお話を聞かせていただいたばかりか、原稿に関しても貴重なご意見をいくつもいただいた（もちろん文責は私・高野にある）。いくら感謝してもしきれない。

最後に本書の執筆と制作に際し、編集担当の杉江由次さんと装丁担当の金子哲郎さんに、それぞれ大変お世話になった。

心より御礼申し上げます。

二〇二四年十一月　高野秀行

参考文献

砂野唯著『酒を食べる　エチオピア・デラシャを事例として』（昭和堂、二〇一九年）
横山智編著『世界の発酵食をフィールドワークする』（農文協、二〇二二年）
篠原徹著『ほろ酔いの村　超過密社会の不平等と平等』（京都大学学術出版会、二〇一九）
岡倉登志編著『エチオピアを知るための50章』（明石書店、二〇〇七年）
石毛直道編『論集　酒と飲酒の文化』（平凡社、一九九八年）

※――本書は書き下ろしです。

酒を主食とする人々

エチオピアの科学的秘境を旅する

二〇二五年一月二十三日　初版第一刷発行
二〇二五年四月　七　日　初版第三刷発行

著　者　高野秀行
編　集　杉江由次
発行人　浜本茂
発行所　株式会社本の雑誌社
〒一〇一―〇〇五一
東京都千代田区神田神保町一―三十七　友田三和ビル
電話　〇三（三二九五）一〇七一
振替　〇〇一五〇―三―五〇三七八
印刷所　モリモト印刷株式会社

定価はカバーに表示してあります。
ISBN978-4-86011-495-4　C0095